上海合作组织民间友好 20年

20 YEARS OF PEOPLE-TO-PEOPLE FRIENDSHIP OF
SHANGHAI COOPERATION ORGANIZATION

历史、经验与展望

HISTORY, EXPERIENCES AND PROSPECTS

主　编　孙壮志

执行主编　肖　斌

社会科学文献出版社

SOCIAL SCIENCES ACADEMIC PRESS (CHINA)

编委会

摘　要

本书由参与上海合作组织民间友好论坛的专家组撰写。作者是来自中国和中亚国家上合组织研究机构的专家和学者，书中的见解和理论具有较高的权威性和可靠性，是读者了解和研究上合组织民间友好的重要参考资料，报告由五个部分组成，即总论；历史篇：上海合作组织民间友好的发展历程；理论篇：上海合作组织民间友好的动力；实践篇：上海合作组织民间友好的经验；展望篇：共建上海合作组织命运共同体。

本书的主题是"上海合作组织民间友好 20 年：历史、经验与展望"，具体内容体现以下特点。一是前沿性鲜明。一方面全面系统地分析总结了上合组织民间友好的基础、背景和动力；另一方面探讨了上合组织民间友好的价值意义和未来发展路径。二是历史性与现实性相交织。本书作者均为在上合组织民间友好一线工作的学者和外交工作者，他们不仅是上合组织的研究者，也是上合组织民间友好的亲历者、见证者和推动者，他们从自己的切身经历和多年研究思考出发，提供了学界关于上合组织民间友好的最新思想成果，有助于未来上合组织成员继续在人文领域积极探索合作模式，搭建起更多形式各异、富有特色、跨越多领域的会晤机制和交流平台。三是重点突出。本书着重探讨了上合组织民间友好的几大领域，即经济合作、人文交流、机制建设等，并进行了十分翔实和全面的分析。

本书的基本观点是，站在新的历史起点，上合组织面临更加广阔的发展前景。但在新冠肺炎疫情全球大流行与百年大变局相互交织的背景下，上合组织也面临着新的风险与挑战。未来，上合组织的重点应该放在经济合作和人文交流上，为上合组织发展奠定更好的物质基础和人文基础，在"上海精神"的引领下，在国际关系民主化历史潮流中把握前进方向，在人类共同发展的宏大格局中推进自身发展，构建更加紧密的上海合作组织命运共同体，为世界持久和平和共同繁荣做出更大贡献。

Abstract

This report was written by an expert group participating in the Shanghai Cooperation Organization People-to-people Friendship Forum. The authors are experts from the SCO research institutions in China and Central Asian countries. The insights and theories in the book are highly authoritative and reliable, and are important reference materials for readers to understand and study the SCO civil friendship. The report is consisted of five parts: *Preface*; *Historical Exchanges: the Development of the SCO Civil Friendship*; *Motivation Chapter: the Driving Force of the SCO Civil Friendship*; *Experience Chapter: the Experience of SCO Civil Friendship*; *Future Prospects: jointly Building SCO a Community with a Shared Future*.

The theme of this report is "History, Experience and Prospects: 20 Years of People-to-people Friendship of Shanghai Cooperation Organization", and the specific content reflects the following characteristics. The first is forward-looking. On the one hand, it comprehensively and systematically analyzed and summarized the foundation, background and motivation of SCO civil friendship; on the other hand, it discussed the value and future development path of the SCO civil friendship. The second is the interweaving of history and reality. The authors of the report are all front-line researchers and diplomats who have participated in the theoretical research and practice of SCO civil friendship. They are not only SCO researchers, but also witnesses, and promoters of SCO civil friendship. Based on their own personal experience and years of research and thinking, they provided the latest academic achievements on the SCO civil friendship, which will help the SCO members continue to actively explore cooperation models in the future, and build better meeting mechanisms and exchange platforms spanning multiple fields. The third is highlighting the key points. The report focuses on several major areas of SCO civil friendship, namely economic cooperation, cultural exchanges, and mechanism building, and has conducted a very detailed and comprehensive analysis.

The basic point of this report is that from a new historical starting point, the SCO is facing a broader development prospect. However, in the context of the intertwining of the COVID-19 pandemic and the changes unseen in a century, the SCO is also facing new risks and challenges. In the future, the focus of the SCO should be on economic cooperation and cultural exchanges, so as to lay a better material and value foundation for the development of the SCO. Under the guidance of the "Shanghai Spirit", grasp the way forward in the historical trend of democratization of international relations, promote our own development in the grand picture of common development of mankind, build a closer SCO community with a shared future, and contribute to lasting world peace and common prosperity.

序言
民间外交为人民

上海合作组织睦邻友好合作委员会副主席　崔　丽

志合者不以山海为远。

2020 年 11 月，中国国家主席习近平提出要促进民心相通，构建人文共同体，倡议举办上海合作组织民间友好论坛，得到各成员国元首热烈响应与积极支持。2021 年 6 月 3 日，以上合组织成立 20 周年为契机，首届上合组织民间友好论坛顺利召开，来自成员国、观察员国和对话伙伴国十八个国家的代表在湖北武汉以线上和线下形式"云端相聚"，高举"上海精神"旗帜，共商民间友好大计。浴火重生的江城儿女与世纪疫情中的各国人民心手相连，团结协作，彰显上合组织务实合作的巨大潜力和民间友好的强大合力。

国之交在于民相亲，民相亲在于心相通。人民友好是促进世界和平与发展的基础力量，是实现合作共赢的基本前提。20 年来，在各方共同努力下，民间交流始终为增进上合组织国家人民相互了解和传统友谊、促进地区各国共同发展繁荣发挥着积极作用。2021 年 9 月 17 日，习近平主席在上合组织成员国元首理事会第二十一次会议上指出，要发挥好上海合作组织睦邻友好合作委员会等社会团体的作用，搭建各国人民相知相亲的桥梁。上海合作组织睦邻友好合作委员会（以下简称上合组织睦委会）自 2013 年 9 月成立以来，始终坚守以人民为中心的初心和使命，响应上合组织国家人民对美好生活的向往与追求，将促进上合组织国家民心相通、助力上合组织更好更快发展作为中心任务，与各国民间友好组织一道，互敬互信、开放创新，为增进各国人民福祉凝心聚力。

一是凝聚团结共识，共创健康美好生活。以人民为中心要求始终把人民的生命健康摆在首位。上合组织国家历来重视人民的健康福祉，在民间外交渠道开展了卓有成效的卫生健康合作。2019年5月，上合组织睦委会在广西防城港市举办国际医学创新合作论坛，推动建设防城港国际医学开放试验区，以一系列具有基础能力提升和平台支撑作用的重点标杆项目服务上合组织国家医疗机构和企业。

特别是新冠肺炎疫情发生以来，上合组织各国民间机构在抗击疫情的斗争中同舟共济、守望相助，以实际行动为国际抗疫合作贡献力量。2020年7月，全国人大常委会副委员长、上合组织睦委会主席沈跃跃出席上合组织传统医学论坛视频会议并发表讲话，与上合组织睦委会各国领导人就团结抗疫、共建"健康丝绸之路"达成共识。上合组织睦委会联合会员单位，向多个国家提供急需的抗疫物资和药品，并多次举办疫情防控经验和诊疗技术交流活动，协助中国政府赴乌兹别克斯坦驰援抗疫，为相关国家抗疫斗争提供支持。中方建立上合组织框架下首个国际医学创新试验区、地方卫生健康合作示范区、中医药科创城，以更好地满足上合组织国家人民对高水平健康服务的需要。

二是坚持互利共赢，共促合作迈上新台阶。各国人民对美好生活的向往就是民间外交前进的方向。近年来，为加快畅通区域经济循环、推动构建上合组织"发展共同体"，上合组织民间务实合作不断深化，为本地区国家和人民带来实实在在的好处。2019年，沈跃跃副委员长与上合组织秘书长诺罗夫共同启动"上合国家——8个奇迹展"活动，开启"平台+企业"的产业创新发展模式，促进上合国家文化旅游交流合作，推动本地区旅游产业互联互通。为不断推进上合组织国际健康产业发展、支持中医药更好地"走出去"，上合组织睦委会深入参与上合组织传统医学合作，连续举办上合组织传统医学论坛，率先在塔吉克斯坦、白俄罗斯等国建立传统医学中心，推动传统医学中心在上合组织国家实现"全覆盖"。

在新冠肺炎疫情防控常态化趋势下，推动经济复苏、加快复工复产、拉动青年就业是各国普遍的现实需要。上合组织睦委会发挥中国在电子商务、生态保护、人力资源培训等方面的优势，拓展数字经济、绿色发展、职业教育等方面合作，支持举办2020上合青年职业教育与创新创业高端圆桌会暨研讨会、上合青年职业教育与创新创业沙龙等活动，为青年打造学习与实践相结合、线上与线下相结合、上合组织国家资源特色与市场需求相结合的精品职业教育平台。

除此之外，上合组织民间外交着眼民生，为本地区人民带来实实在在的好处。中方在乌兹别克斯坦开展"健康快车国际光明行"活动，为455名白内障患者实施免费手术。2021年4月，塔吉克斯坦、吉尔吉斯斯坦两国边境地区发生冲突后，上合组织睦委会高度关注边境地区小学受损状况，通过使馆为受损学校捐赠数字教学设备和学习用品，帮助当地复课复学。民间外交的务实合作为搭建心灵沟通的桥梁做出努力。

三是坚持开放包容，共创互学互鉴新成果。有谚语说："亲望亲好，邻望邻好。"上合国家都有着和平发展的信心，更要推动跨国界、跨时空、跨文明的交流互鉴活动，坚定共商共建共享理念。上合组织民间外交利用自身灵活机动、形式多样、渠道多元、覆盖广泛的优势，广泛开展艺术、体育、媒体、智库等领域特色人文活动，推动互学互鉴，让民间友好的涓涓细流滋润各国人民的心田。

2019 年，乌兹别克斯坦民间外交中心率先举办"儿童眼中的世界"上合组织国家儿童画展等文化交流活动。2021 年 9 月，在中国美术馆和塔吉克斯坦首都杜尚别同时举办"同一梦想"上合组织国家美术作品展暨妇女儿童画展和"走进上合"儿童画展。上合组织各国民间开展的艺术交流交相呼应、珠璧交辉，以各国艺术精品展现人们共同的美好夙愿。

体育代表着青春、健康、活力，在提高人民身体素质和健康水平、促进人的全面发展方面有着不可替代的作用。2016 年，为庆祝上合组织成立 15 周年，上合昆明国际马拉松赛在滇池之畔鸣枪开跑，来自 25 个国家的上万名选手踊跃参加，反响热烈，随后每年固定举办。"上合瑜伽太极"和"相约北京冬奥，欢聚美丽延庆"上合使节健步走等活动为上合国家体育爱好者搭建起了促进沟通、相互学习的桥梁。

媒体是各国人民开展交流合作、促进民心相通的重要桥梁。为促进上合组织地区媒体交流，上合组织民间机构多次组织媒体参访团和"云采访"等活动，带领各国媒体代表考察、采访中国山东、北京、新疆等地。百闻不如一见。媒体交流活动促进了各国人民间的相互了解，展现了彼此真实、立体的形象，有助于共同讲好"上合故事"。

民间友好，大道不孤。习近平总书记 2013 年在上合组织成员国元首理事会比什凯克峰会上宣布成立上合组织睦委会，并建议各成员国和观察员国成立类似社会团体，增进各国人民相互了解和传统友谊。多年来，在各国领导人的关心下，越来越多的上合组织国家成立或指定了从事上合国家民间外交的专门机构，并形成密切互动、相互支持的伙伴关系网络，民间外交的"朋友圈不断扩大"。目前，上合组织成员国已有 20 家民间友好机构同上合组织睦委会结成合作伙伴或建立工作关系。越来越多的国家理解和认同民间友好理念并主动开展民间交流，形成合作机制。乌兹别克斯坦民间外交中心积极主办"走近上合 20 周年"主题美术展，主持出版上合组织成员国相关童话、俗语、学者与思想家介绍、邮票纪念册等书籍；塔吉克斯坦友好合作中心支持上合组织妇女论坛、上合组织医院合作联盟等开展工作；巴基斯坦和平与外交研究所大力推动"一带一路"倡议之友论坛等线上线下学者交流活动，为建设中巴经济走廊建言献策；各民间机构积极参加上合组织睦委会与中国宋庆龄基金会和国际青年交流中心共同举办的"寻找上合文化小大使"主题征文活动。除此之外，各项合作机制顺利落地运转。中国-上合组织地学合作研究中心成功研制多国共享的大数据平台；司法交流培训基地为各国培训专业人员；环境保护合作中心举办环保信息共享平台专家研讨会，共同提升区域环境治理能力。

2021 年是上合组织成立 20 周年，也是中国共产党成立 100 周年。在中国共产党百年华诞之际，巴基斯坦和平与外交研究所、乌兹别克斯坦民间外交中心、亚美尼亚中国—欧亚战略研究中心纷纷向上合组织睦委会发来贺信，哈萨克斯坦、吉尔吉斯斯坦、俄罗斯、塔吉克斯坦、白俄罗斯、蒙古国等国家民间友好机构也通过电话和邮件表达美好祝愿。巴基斯坦和平与外交研究所、亚美尼亚中国—欧亚战略研究中心举办主题国际研讨会，总结梳理中国共产党的成功经验，从理论高度和学术角度解码中国道路的成功秘诀。上合组织国家民间友好机构紧密合作、支持彼此活动，形成百花齐放、相得益彰的美好画面。

民间友好，民之所向。上合组织在民间外交领域取得的众多成果，是上合组织各国人民普遍认同人类命运共同体理念、互尊互信、和谐共生的集中体现。在2021年签署的《上海合作组织二十周年杜尚别宣言》中，各成员国元首特别强调不断发展上合组织框架内人文合作仍是本组织的优先任务；各成员国"欢迎有关民间外交机构为增进互信、加深了解、密切人文交往开展的工作，鼓励民间外交机构和文化中心举办论坛、会议和其他活动"。未来上合组织民间友好机构将着重深化以下合作。

第一，筑牢组织发展的民意基础。目前上合组织睦委会已与上合组织各国20家民间外交机构建立合作，与其中部分机构签署了合作备忘录，商定在妇女儿童、医药卫生、学术教育、文化旅游等人文领域开展务实合作。中方倡议并欢迎更多上合组织国家的社会团体投身民间外交事业，为建设上合命运共同体、促进地区和国际和平与发展做出贡献。

第二，拓宽互利共赢的合作渠道。在减贫合作、分享减贫经验、气候变化、绿色发展等与各国人民生活息息相关的领域，应进一步密切合作，为保护我们共同的家园、实现人类可持续发展做出贡献。

第三，提高各方互学互鉴的水平。上合组织国家各自具有丰富的传统文化，各国携手并肩，聚爱成行，必将为各领域合作注入巨大动力。通过友好交流、媒体代表互访等方式，广泛宣传上合组织发展成就，分享各国推进上合组织友好事业的经验，让上合组织合作理念深入人心。

第四，充分发挥各国智库的作用。各国智库、研究机构在汇集民间合作信息、探索合作前沿、提供决策参考方面具有独特优势。上合组织睦委会愿积极支持下属智库合作分委会工作，带动中方研究机构同上合组织国家中的合作伙伴加强联系，聚焦上合组织合作等重大问题，共同开展学术研究，为上合组织发展贡献智慧和力量。

习近平主席在上合组织成员国元首理事会第二十一次会议上指出，上合组织发展最牢固的基础在于文明互鉴，最深厚的力量在于民心相通。上合组织正在步入第三个 10 年，上合组织睦委会也将在 2023 年迎来成立 10 周年。展望未来，上合组织框架下的民间外交必将始终坚守"人民外交为人民"的初心，打造更多接地气、聚人心的项目，助力构建更加紧密的上合组织命运共同体。

在此，热烈祝贺《上海合作组织民间友好 20 年：历史、经验与展望》出版发行。该报告是上合组织睦委会的又一重要成果，聚合上合国家学者智慧力量，总结友好合作经验成就，拓展民间情谊深化路径。"涓流虽寡，浸成江河。"相信在各方的积极培育下，上合组织民间友好之树必将枝繁叶茂。

目 录

实践篇：上海合作组织民间友好的经验

展望篇：共建上海合作组织命运共同体

总 论

孙壮志*

2021 年 6 月的武汉，日出江花，生机盎然，这座经历了疫情浴火、凤凰涅槃的英雄城市，张开怀抱迎接参加首届上海合作组织民间友好论坛的各路宾客，并助力论坛成功举办。对于一个致力于地区稳定与和平、促进成员国睦邻友好的新型民间合作机制，选择这样的地点作为本论坛首秀有着特殊的寓意，不仅可以视为成员国构建卫生健康共同体的重要象征，也可以充分展示其良好的发展机遇。在上合组织迎来 20 周年的重要时间节点，总结这一机制成功的宝贵经验，更加重视人文交流，积极搭建支撑地区各国"民心相通"的文化桥梁，有助于夯实多边合作的社会基础，彰显"上海精神"的独特时代价值。

一 新机制，新平台

上合组织的产生和发展，一方面得益于成员国之间密切的传统联系和快速提升的双边关系；另一方面也与国际和地区形势的变化息息相关。冷战结束后，随着全球化、区域化浪潮的涌动，一方面各国的相互依存度不断上升；另一方面彼此的利益也越来越容易发

---

* 孙壮志，中国社会科学院俄罗斯东欧中亚研究所所长。

生碰撞，国家安全远远超出了疆土、军事的传统范畴。在这种形势下，中国、俄罗斯和中亚国家积极寻求新的合作方式，巩固睦邻友好关系。20世纪90年代前半期，中国与俄罗斯、中亚国家达成关于边境地区军事互信和相互裁军协议，促成了1996~2000年"上海五国"机制的启动。世纪之交中亚地区安全形势急剧恶化，又催生了上合组织这一区域合作新机制。"9·11"事件后美国及其盟友发动阿富汗战争，中亚地缘政治博弈升级；2008年全球金融危机又对地区各国经济产生严重冲击。面对现实挑战，上合组织积极作为，扩大合作领域，推动成员国积极参与地区合作，努力建立更为广泛的伙伴关系网络。

尽管遇到不少困难，由于秉持了全新的合作理念，积极维护成员国的团结，20年来上合组织的影响力非但没有被削弱，反而呈现出一系列合作的亮点，成为新型区域合作的代表，在地区合作中发挥了不可替代的作用。

第一，提出提升区域合作水平的新理念。上合组织成员国经济实力悬殊，地区一体化面对来自内外因素的重重困扰，各国出于自身的需要，对区域合作的方向有不同的理解。在中亚地区还有不少其他区域机制和多边框架，与上合组织形成了竞争关系，但总体来说，这些传统的多边合作机制发展都不顺利。上合组织提出了新的合作理念与合作路径，如中国领导人总结提出的"上海精神"——"互信、互利、平等、协商、尊重多样文明、谋求共同发展"已成为上合组织多边合作的基础和灵魂；后来又提出建设地区命运共同体的目标。这些以互利、共赢为基础的多边合作新理念，具有独特的号召力和影响力。

第二，倡导打击"三股势力"和反毒合作。由于内部社会经济发展的失衡以及受阿富汗形势的影响，中亚地区成为恐怖主义、极端主义和毒品走私等跨国犯罪的"重灾区"，而且各国恐怖组织与境外联系密切。上合组织成立伊始，就把安全合作的主要目标确定为打击"三股势力"和毒品犯罪，以应对地区国家共同关注的非传统安全威胁，签署了打击"三股势力"的《上海公约》《反恐怖主义公约》《反极端主义公约》，通过了一系列文件与行动计划，并且在军事、执法等领域开展务实合作。中亚国家没有在独立后陷入"中东化"，而是保持了总体稳定，上合组织对此功不可没。

第三，有助于地区内大国"协调"战略关系。上合组织所在地区资源丰富，地缘战略地位重要，大国关系比较复杂。各大国一方面在竞争与合作中维持着相对的平衡；另一方面积极谋求在一个甚至多个领域保持优势地位，实现自身的战略利益。随着时间的推移，大国关系中的不确定性、不稳定性日益增多。上合组织以中俄两个大国的全面战略协作伙伴关系为基石，不断拓展互信合作，并且在吸纳印度、巴基斯坦两个南亚大国之后，进一步扩大了合作的地理空间。上合组织坚持开放、透明的原则，明确表示不建立军事政治同盟，不对抗，合作但不针对第三方，为大国在中亚的对话与合作提供了一个良好的平台。

第四，以务实合作促进成员国的共同发展。上合组织坚持大小国家一律平等的合作原则，注重合作主体间的"平衡"。上合组织现有八个成员国，资源禀赋、地缘环境和国家实力悬殊，其中四个中亚国家是内陆国，相互联系紧密，有实现经济振兴的现实需求。与其他国际组织有区别的是，在上合组织中起主导作用的大国不寻求为强化自身战略利益服务，而是更注重为中亚国家的经济发展提供帮助，在交通、能源、金融、农业、旅游等方面开展多边合作，促进成员国贸易和投资的便利化，还在合作中吸纳各国政府和民间团体共同参与，为企业和地方合作创造条件，形成多领域、多层次同时推进的合作图景，小国也可以发挥自己的优势，在多边合作中优先获益。

第五，在推动国际关系民主化方面发挥积极作用。20世纪以来，从独联体地区到西亚北非，发生了一系列导致政权更迭的"颜色革命"，虽然在这些国家国内社会经济发展滞后和执政者无视民众诉求是导致矛盾激化的主因，但美国等西方国家在背后的推波助澜，则进一步恶化了这些地区的政治和安全环境。上合组织强调尊重各国的主权和平等发展的权利，地区内部事务应由地区国家自己解决，反对外部势力介入和横加干涉。上合组织主张尊重《联合国宪章》确定的宗旨和原则，强调通过和平方式解决争端，推动国际军控和防扩散进程，维护全球的战略平衡。

二 新成就、新经验

作为冷战后诞生的新型区域组织，上合组织走过了不平凡的发展道路，是最早明确提出打击国际恐怖主义的地区组织之一，并帮助年轻的中亚国家应对安全挑战，通过务实合作推动成员国实现互利、共赢，深度参与完善地区治理乃至全球治理体系。在形势复杂多变的欧亚大陆腹地，上合组织独树一帜，反对强权政治和霸凌行径，代表地区各国乃至广大新兴市场国家和发展中国家的共同利益，成为多极化的支柱之一。中国与其他成员国在地区治理乃至全球治理方面开展战略互动，以树立命运共同体意识引领区域大融合。

（一）20年发展的成功经验

总结20年的发展，上合组织的成功之处主要体现在：一是确定了维护地区和平与安全、实现共同发展与繁荣的合作宗旨，不仅总结"上海五国"的经验提出反映时代鲜明特征的"上海精神"，而且根据形势发展不断充实新内涵，积极倡导新安全观、新合作观、新文明观、新发展观；二是通过了一系列重要的政治声明和法律文件，涵盖政治、安全、经济和人文等各个合作领域，阐明了成员国对国际局势的看法，为多边合作奠定坚实的政治和法律基础；三是健全决策机制，每年举行国家元首、政府首脑（总理）等高级别定期会晤，建立多层次、多部门的合作平台，有数十个部长级及其他会晤机制，并开始尝试建立有效的工作和保障机制；四是启动两个常设机构，即在北京的秘书处和在塔什干的地区反恐怖机构；五是获得国际法地位，完成了首次扩员，使多边合作的空间扩展到南亚地区；六是针对地区稳定和发展的紧迫问题采取一系列共同行动，协调成员国的政策，落实有针对性的务实举措，消除危机隐患，体现了上合组织的重要作用；七是积极开展对外交往，成为联合国大会观察员，与一些多边组织签署合作文件，和国际社会建立广泛的联系，吸纳更多的对话伙伴。

上合组织不是传统意义上的国家联盟，而是一种新型的区域组织，从诞生之日起，其就具有全新的合作方式、全新的发展理念、全新的行为规范，并未重复其他国际组织的道路和功能。同样，作为一个国际组织，上合组织也不会建立超国家的机构，不会违反国家主权原则。上合组织开创了地区内国家开展文明对话、共享发展成果的新模式，有助于推动国际关系的民主化和多极化进程，树立成员国作为地区稳定维护者的新形象。

（二）双边和多边相结合

在上合组织的实践中，中国与俄罗斯、中亚国家不仅在多边框架内寻找合作的机会，而且积极拓展双边合作的思路与途径，以双边促多边，这也是上合组织能够取得成功的基本经验。比如上合组织成立后，中国与俄罗斯、哈萨克斯坦、吉尔吉斯斯坦、塔吉克斯坦迅速解决了历史遗留的边界问题，把睦邻友好关系提升到全面战略伙伴关系的新水平。双边贸易成倍增长，中国连续 10 年成为俄罗斯最大的贸易伙伴，同样也是中亚国家最重要的贸易和投资伙伴之一。上合组织框架内的经济和人文合作，很大程度体现在双边合作不断取得新突破，2020 年新冠肺炎疫情发生后这种合作进一步提质升级，开始重视在数字经济、电子商务、绿色能源以及减贫等民生领域的合作。上合组织与其他区域合作组织最重要的区别之一，就是中国和其他成员国之间都有着高水平的双边合作，经济上更加具有活力，可以和亚太地区连成一体，更具发展潜力。

从彻底结束对抗，到政治、安全的相互信任，再到建立伙伴甚至战略关系，上合组织见证了中国与俄罗斯及中亚国家关系的层层跃进。上合组织的成立使中国与邻近国家构建新型国家关系包含了更加丰富的内容：一是睦邻合作关系的法制化，通过签署《上海合作组织长期睦邻友好合作条约》在多边层次上首次固化了发展睦邻关系的基本原则；二是利用地缘优势促进跨境合作，上合组织成员国相互接壤或地理上接近，拥有开展合作的便利条件和区位优势，中国与俄罗斯、哈萨克斯坦等国的边境地区合作具有示范性；三是经贸合作提升到了新的层次和水平，从商品贸易扩大到投资、能源、金融、运输、服务、农业、旅游等更多领域的合作；四是在共同关心的地区和国际问题上发挥更大作用，成员国能够达成最广泛的一致，在国际事务中支持彼此的核心利益，共同维护多边主义和二战后形成的国际体制，共同反对把新冠肺炎疫情政治化。

（三）"一带一路"建设对接合作的平台

上合组织倡导新型国家关系，彻底摒弃冷战思维，抵制强权政治，坚持多边主义，努力促进国际秩序朝着更加公正合理的方向发展。在上合组织的成员国中，既有中国、俄罗斯这样有世界影响力的大国，中俄幅员辽阔，人口众多，均是联合国安理会的常任理事国；也有塔吉克斯坦、吉尔吉斯斯坦这样国土面积小、经济不发达、人口不足千万的小国。上合组织所在地区受不同的文化影响，民族众多，又存在多种宗教和宗教流派，中亚地区历史上就是各种文明的交汇处。上合组织承认国家间的差别，尊重每个成员国独特的历史文化传统，尊重其独立自主地选择本国发展道路的权利，坚决反对少数西方大国把自己的模式强加给他国。这在当今的国际关系实践中，对于反对霸权主义和单边主义，有着非常重要的现实意义。

2013 年中国领导人提出"一带一路"重要倡议后，得到俄罗斯、中亚国家和巴基斯坦等国的积极支持，中方又建议以上合组织为平台，积极推动成员国战略规划的对接合作。成员国在"一带一路"框架下扩大了融资渠道，合作方式更加灵活，有助于实现大型项目的落实，进而突破地区经济合作的瓶颈。中俄领导人签署丝绸之路经济带建设和欧亚经济联盟建设对接合作的联合声明，中国率先成立上合组织睦邻友好合作委员会和环保中心，在青岛建立上合组织地方合作示范区，在陕西杨凌建立农业合作示范区。"一带一路"建设为上合组织的经贸合作和人文交流提供了更多的可能性和现实选择。

三　新前景、新机遇

经过20年的稳步发展，上合组织作为一个新型区域合作机制，影响力快速提升，合作空间不断扩大，展示出特有的活力和良好的前景。上合组织具有自己的组织特色：由边境地区的军事互信到相邻国家在多边层面上的战略互动，由建立区域组织的基本框架再到逐步推进各个领域的务实合作，开创了一种以结伴不结盟、开放、平等、共同发展等原则为标志的新模式。在急剧变化的国际格局当中，上合组织顺应时代的要求，尊重成员国的文化和利益差异，不断凝聚合作共识，增进成员国的民间友好，为地区的稳定和发展做出了自己的贡献。

国际组织的快速发展，其内部的基础和外部的环境缺一不可。国际组织的凝聚力取决于成员国面对的共同威胁和具有的共同利益，也就是所谓的"威胁平衡"和"利益平衡"。传统的政府间合作组织，如果不是单纯的经济或专业组织，那么一般是以地缘政治为基础。上合组织要避免成为单纯的地缘政治工具，就要更重视实现其地缘经济作用和在人文领域的交流合作。地缘政治的核心是政治权利和军事安全，强调对抗和内部的一致性；而地缘经济的核心是发展权利和经济安全，强调协调和内部的差异性。前者要求是个统一的整体，后者重视多层次的合作。如果能够在增进民间友好上有所作为，则有助于为多边合作提供更加稳固的社会基础。继在上合组织青岛峰会上提出构建地区国家命运共同体的倡议后，中国国家主席习近平在 2020 年上合组织成员国元首理事会第二十次会议上又提出构建卫生健康、安全、发展和人文等四个共同体的建议，为上合组织未来发展指明了方向。下一步，上合组织要以夯实基础、充实内涵、提升能力为重点，争取在多边合作上有更大的突破。

第一，积极落实已签署的协议和文件。通过增强成员国各部门对多边合作的认同，提升成员国地方政府、企业、文化团体甚至普通民众参与合作的积极性。另外，可签署具有一定法律约束力的政府间文件，制订相关的实施计划。要循序渐进，条件成熟的成员国可率先落实，不必强求同步，在相邻的边境地区寻找更多的合作机会。

第二，加强上合组织内部的凝聚力。上合组织成员国虽然不多，但制度、文化差异巨大，发展水平差距较大，要重视成员国内外政策的协调以及对发展道路的认同。强调成员国要按照本国国情选择发展模式，把现代文明与本国文化传统结合起来，共同维护成员国国内的稳定。对于个别成员国的我行我素，实际有损上合组织内部团结的行为，应该有约束的手段。

第三，实现由会晤机制向合作机制的转变。要成为一个成熟的、有影响力的区域合作组织，首先要变多边的"会议外交"为"工作外交"，简化会议程序，减少文件数量，注重充实新的合作内容；其次要形成真正的"双轨体制"，使民间的论坛、委员会机制化；最后要尽快完善观察员国制度，同时进一步明确对话伙伴国的地位和作用。

第四，调整多边合作的优先方向和重点领域。不仅要多领域，还要多层次。经济上也要形成一种新的合作理念，在维护经济主权、经济安全的前提下推动多边合作。把合作重点放在维护成员国的粮食安全、能源安全、金融安全、投资安全上。安全合作也要强调"大安全"，除经济安全外，对传统安全、非传统安全、政治安全、社会安全、环境安全、信息安全、文化安全都要重视。人文合作要建立项目机制，提出一些示范项目，增强民众对上合组织多边合作的"获得感"。

第五，重视人文合作的特殊作用，打造更为有效的合作平台。根据中国领导人在成员国元首峰会上的倡议，中国成立上合组织睦邻友好合作委员会作为协调人文合作的重要机构，打造了民间友好论坛这样的新平台。人文合作参与广泛，润物无声，有助于消除成员国民众间在特殊时代背景下产生的误解和敌意，弥合文化传统上的分歧。目前上合组织框架内的文化、教育、科技、卫生、环保等领域的合作越来越受到重视，应该将网络建设与机制建设同步推进，使现有的合作实体化、长期化，让各国民众有更多的参与感和获得感。

第六，上合组织要为完善地区治理乃至全球治理做出贡献。上合组织的成功之处在于平等合作、尊重差异，根据地区和成员国的实际情况确定多边合作的路径，在推动多极化进程、避免地缘政治冲突、扩大各国政治共识方面扮演了特殊角色。经过 20 年的发展，上合组织开始在更加广阔的地域发挥作用，越来越多地参与地区治理乃至全球治理，面临的情况更为复杂，面临的挑战和困难也更多，需要在促进政治互信和规则制定方面多做工作，为多边合作行稳致远奠定更为坚实的利益基础。

历史篇：

上海合作组织民间友好的发展历程

中国与中亚各族人民的传统友谊源远流长

胡振华 *

【内容提要】 自古以来中国与中亚各族人民的传统友谊源远流长。中亚五国宣布独立后，中国和中亚各国人民的传统友谊得到进一步发展，特别是习近平主席提出"一带一路"倡议以来彼此间的联系更加密切，中国与中亚各国先后建立了战略合作伙伴关系。

【关 键 词】 中国　中亚　传统友谊　"一带一路"

2021 年是上海合作组织成立 20 周年，是中亚五国独立 30 周年，也是《中华人民共和国和俄罗斯联邦睦邻友好合作条约》签署 20 周年，这些重要的日子都是要庆祝的。笔者多年来从事中亚民族语言文化的教学研究工作，并十几次应邀访问过中亚各国，热情好客的中亚各族人民给笔者留下了友好的深刻印象，故特写这篇文章介绍中国与中亚各族人民的传统友谊。本文分三部分：中亚地区的历史沿革与发展现状；中国与中亚的交流往来：过去与现在；中国的中亚研究：现状与未来。

一　中亚地区的历史沿革与发展现状

"中亚"是中央亚细亚或亚洲中心地带的简称，它是与"东

---

*　胡振华，中央民族大学少数民族语言文学学院教授，博士生导师。

亚""西亚""东南亚""东北亚"等地理名词相当的一个术语。在中国历史上一直使用"西域"一词来概指中亚。广义的西域指中国玉门关以西的广大地区，其中包括中国新疆及中亚等地；狭义的西域只指中国玉门关以西的地方及新疆地区。迄今为止，国内外学者对"中亚"所指的范围见仁见智，各说不一。

2002年1月，中国对外翻译出版公司翻译出版了《中亚文明史》一书，这是联合国教科文组织组织各国中亚学者合作撰写的一部著作。在这本书的附录中，就中亚的范围进行了阐释，专门概述了各国学者对中亚这一地理名词的不同解释。书中这样写道："19世纪上半叶德国著名的地理学家兼旅行家亚历山大·冯·洪堡（Atexander，Von Humboldt）首次试图界定'中亚'的范围。洪堡在其著作《中亚》（*Asie Central*，1843年出版于巴黎）中，主张将中亚置于从北纬44.5°以北5°至以南5°这样一大片地区内，他认为这即整个亚洲大陆的中央部分。"

另一些人对此定义持明显的异议。俄国的东方学家及中亚探险家尼古来·哈尼考夫（Nicolay Khaaykoff）最早声称洪堡的说法不符合地理学的特征，应该根据共同的环境特色来界定中亚的范围（1862年）。他接着建议，可以考虑将中亚缺乏注入外海的河流这一现象，作为界定"中亚"的一个很好准则，因此，他所界定的"中亚"便比洪堡的界定的"中亚"范围更大。具体地说，他将东部伊朗与阿富汗地区也包括在中亚概念中，而它们处于洪堡所说"中亚"的南界以外。

在该书的附录中，还介绍了德国地理学家菲迪南·里希特霍芬（Ferdinand Richthofen）在1877年出版的《中国》一书中的观点：

"'中亚'即意味着亚洲内陆地带以其水文体系为特征（即没有河流注入外海）的所有地区；其地理界限则北起阿尔泰山，南抵西藏高原，西起帕米尔高原，东至大兴安岭。"在该书中还介绍了俄国地质学家和旅行家伊凡·莫希凯托夫（Ivan Mushketov）的观点，他认为："应该将亚洲大陆分成两部分：边缘（或外围）亚洲和内陆（或中央）亚洲，二者在地理方位、环境特征以及地质起源方面都迥然不同。所谓'内陆亚洲'，即意味着亚洲大陆上没有河流注入外海，具有'瀚海'特色的一切内陆地区。"他用"内陆亚洲"（Inner Asia）来指代更大的中亚地区，用"中部亚洲"（Middle Asia）来指代在他以前界定的"中亚"（Central Asia）地区。

上述《中亚文明史》一书的作者们认为，"中亚"包括今位于阿富汗、巴基斯坦及中亚五国境内的各个地区。这是对"中亚"的一种广义的解释。1994年，中国商务印书馆出版了英国加文·汉布里（Gavin Hambly）主编的《中亚史纲要》（*Central Asian*）一书，该书认为："作为地理概念，'中亚'一词很难有个精确的定义。在本书中，'中亚'主要是指苏联的哈萨克、吉尔吉斯、塔吉克、土库曼和乌兹别克等五个社会主义共和国，蒙古人民共和国以及现在中国境内以内蒙古自治区、新疆维吾尔自治区和西藏自治区命名的三个自治区。"

美国印第安纳大学德尼斯·西诺尔（Denis Sinor）教授使用"内亚"（内陆亚洲的简称，Inner Asia）和"中欧亚"（Central Eurasia）二词来指上述学者们所讲的"中亚"地区，范围也较广，仍是一种广义的解释。它处于中国、东南亚、印度、西亚和欧洲诸文明中心的包围中，或者说处在这些主要中心的边缘地区。

苏联时期，在俄文中常使用两个词来指不同范围的"中亚"：一个是 Централъная Азия，一个是 Средняя Азия。前者通常包括哈萨克、吉尔吉斯、乌兹别克、土库曼、塔吉克这五个加盟共和国，后者则不包括哈萨克苏维埃社会主义加盟共和国。当时，哈萨克斯坦是单独的一个经济区，而吉尔吉斯斯坦、乌兹别克斯坦、土库曼斯坦和塔吉克斯坦共同组成另一个经济区。因此，就使用了 Централъная Азия 和 Средняя Азия 这两个"中亚"术语。

哈萨克斯坦、吉尔吉斯斯坦、乌兹别克斯坦、土库曼斯坦、塔吉克斯坦于 1991 年先后宣布独立。中国将这五个国家称作中亚国家。1992 年，中国新疆科技卫生出版社出版的《中亚五国手册》一书对"中亚"是这样解释的："'中亚'（中亚细亚）意为亚洲的中部地区……现包括五个独立国家：哈萨克斯坦（南部）、乌兹别克斯坦、土库曼斯坦、吉尔吉斯斯坦、塔吉克斯坦（均加入了独联体）。这个内陆区域的范围是：西到里海和伏尔加河；东到中国的边界；北到咸海与额尔齐斯河的分水岭，并延伸至西伯利亚大草原的南部；南到同伊朗、阿富汗的边界。"中国现在讲的"中亚"指的就是包括上述中亚五国的这一大片地区。

历史上，中亚地区一直是各国强权统治者争夺之地，先后有希腊、波斯、阿拉伯、突厥、蒙古等王朝或汗国的统治者管辖过这里。18 世纪初，在中亚形成了以希瓦、布哈拉、浩罕三个汗国为主，哈萨克族大、中、小玉兹和布鲁特（吉尔吉斯）一些部落与之并存的局面。18 世纪中叶，沙皇俄国开始向中亚扩张，到 19 世纪 60 年代，沙俄已经征服了整个中亚地区。十月革命后在中亚地区先后建立起几个自治共和国，随后都加入了苏联。在苏联时期，中亚各族人民在经济、文化诸方面都得到了迅速发展，大大改变了过去的落后面貌。中亚各族人民不论在经济建设时期，还是在卫国战争年代，都为地区的发展做出了重要贡献。

1991 年，苏联解体，中亚五个加盟共和国也先后发表声明，宣布自己为主权独立的国家。中亚是一个多民族和穆斯林众多的地区。哈萨克斯坦有 131 个民族，除哈萨克族，还有俄罗斯、乌克兰、乌兹别克、日耳曼、鞑靼、朝鲜、维吾尔、东干、吉尔吉斯、车臣等族。乌兹别克斯坦有 130 多个民族，除乌兹别克族，还有俄罗斯、卡拉卡尔帕克、塔吉克、吉尔吉斯、土耳其、鞑靼、土库曼、阿拉伯、犹太、朝鲜、乌克兰、维吾尔、东干等族。吉尔吉斯斯坦有 90 多个民族，除吉尔吉斯族，还有俄罗斯、乌兹别克、乌克兰、日耳曼、鞑靼、塔吉克、东干、维吾尔、朝鲜等族。土库曼斯坦共有 40 多个民族，除土库曼族，还有乌兹别克、俄罗斯、哈萨克、亚美尼亚、乌克兰、阿塞拜疆、鞑靼等族。塔吉克斯坦有 120 个民族，除塔吉克族，还有乌兹别克、吉尔吉斯、俄罗斯、鞑靼、乌克兰、日耳曼、朝鲜、犹太等族。在中亚操突厥语族语言与伊朗语族语言的民族人数较多，其次为操斯拉夫语族语言的人。中亚地区民族众多，民族语言、文学、艺术也特别丰富，深为世界各国学者所重视。

基于历史和当今政治、经济、文化等各方面的原因，在这些多民族的国家中存在一些民族问题，例如双重国籍问题、国语与本族语言使用的问题、领土和地区之间的纠纷问题等；加上许多民族都是跨国界的，往往某一国内的民族问题会变成国与国的争端。因此，中亚的民族问题是地区敏感问题之一。中亚地区各族人民在历史上曾经先后信仰过萨满教、祆教、佛教、景教、摩尼教和伊斯兰教。现在，中亚五国中操突厥语族语言和伊朗语族语言的各民族以及东干族主要信仰伊斯兰教，多数属逊尼派，也有部分如塔吉克族属什叶派。苏联时期对宗教采取了过"左"的政策，所以在中亚五国宣布独立后，在伊斯兰教恢复的过程中个别地区又出现了宗教复兴过热，甚至出现了宗教极端主义的问题，它与分裂主义和恐怖主义一起严重地威胁和破坏着中亚地区的安全。

中亚五国是一个资源丰富的地区。哈萨克斯坦、土库曼斯坦境内的石油和天然气蕴藏量大，是全球最具能源开发前景的地区之一。中亚地区的天然气储存量达7.9万亿立方米，居世界第三位。乌兹别克斯坦金的蕴藏量大，也盛产棉花，被誉为"白金之国"。中亚地区每年出产200万吨皮棉和大量的粮食作物、果品、羊皮、羊毛等农牧业产品。哈萨克斯坦被誉为"中亚的粮仓"。在中亚地区还蕴藏着大量煤、钨、锑、汞、铝、硫磺、芒硝、钾盐、石膏、有色及稀有金属等矿藏。塔吉克斯坦和乌兹别克斯坦还是世界上铀的主要生产国。此外，塔吉克斯坦、吉尔吉斯斯坦等国的水力资源也十分丰富，塔吉克斯坦水电的蕴藏量为2990亿千瓦小时，目前只利用了12%～14%。丰富的资源加强了中亚五国的战略地位。在全球战略资源竞争中，中亚五国占据着一个突出的位置。

中亚五国的领土面积共有40051万平方公里，人口7000多万。这一地区地处东西交通要道，曾是历史上古丝绸之路的中段，是今日"一带一路"必经之地，它在东西方经济、文化交流中起着重要作用。中亚五国的地理位置还能在世界走向多极化的过程中起到平衡点的作用。中亚五国的政治走向与经济发展对俄罗斯、中国、美国乃至欧洲都将产生一定影响。为了加强中国、俄罗斯、哈萨克斯坦、吉尔吉斯斯坦、塔吉克斯坦和乌兹别克斯坦之间的相互信任与睦邻友好，发展在政治、经贸、科技、文化、教育、能源、交通、环保等领域的有效合作，为了保障这一地区和周围地区的安全与稳定，为了共同打击恐怖主义、分裂主义和极端主义，2001 年 6 月在中国上海成立了由中国、俄罗斯、哈萨克斯坦、吉尔吉斯斯坦、塔吉克斯坦和乌兹别克斯坦六国参加的上海合作组织，2017 年上合组织首次扩员又增加了印度和巴基斯坦两个国家。

近几年来中亚各国人口普遍增长，最明显的是乌兹别克斯坦，其人口已增至 3350 多万，此外，吉尔吉斯斯坦人口增至 650 多万，土库曼斯坦人口增至 700 多万，哈萨克斯坦人口增至 1700 多万、塔吉克斯坦人口增至 900 多万。

二 中国与中亚的交流往来：过去与现在

前面讲过，中国历史上讲的西域有狭义、广义之分，广义的西域包括中亚地区。也有学者把西域分为东、西两部分，认为西域的西部地区包括中亚，东部地区包括中国新疆。[①] 中国早在西汉时期就与西域有了往来。众所周知，为了保障与西域交通要道的畅通，更好地开展经济、文化交流，增进中国各族人民与西域各族人民的友谊，西汉王朝曾派张骞于建元二年（公元前 139 年）率百人出

---

① 参看赵常庆主编《中亚五国概论》，经济日报出版社，1999，第 326～327 页。

使西域，希望联合西域各族人民共同阻击匈奴的骚扰；后又于元狩四年（公元前119年）再次派张骞率300多人出使西域。张骞的两次出使西域，不仅带回了有关中亚各地政治、经济、文化方面的信息，也促进了西汉王朝与中亚地区的政治往来与经济、文化交流，为"丝绸之路"的开辟做出了贡献。司马迁《史记》中的"大宛列传"就是根据张骞所带回来的资料撰写的。

汉武帝从张骞处得知在大宛有"汗血马"，便派人携带金子及金马等物品前去交换，但非但没有换回"汗血马"，反而金马被毁，人员被杀。汉武帝大怒，于公元前104年派李广利将军率大军西征大宛。大宛被平后，西汉王朝在中亚地区确立了自己的统辖地位。为了进一步帮助西域各地反抗匈奴的骚扰和奴役，西汉王朝还于公元前74年在乌孙国受到匈奴进犯时，出兵大力支援，大败了匈奴，又于公元前65年平息了反叛的莎车等国。在这样的条件下，西汉王朝于神爵三年（公元前59年）任命郑吉为西域都护，统辖整个西域地区。东汉时期，因受到匈奴的骚扰和大月氏贵霜王朝在西域东部地区争夺丝绸之路控制权的影响，东汉王朝一度中断了对中亚的统辖。后来，派班超出征，大败了大月氏，才又恢复设置西域都护。北魏时期，西域分散为许多小国，情况发生了变化，中国也未再继续设置西域都护，但北魏王朝与中亚地区依然保持着各方面的往来。隋朝时期，原来分布在阿尔泰山及蒙古草原一带的北方游牧民族突厥人，有一部分开始向中亚和新疆北部迁移，他们后来成为西突厥。隋朝与东突厥、西突厥都进行了经济交流。

唐朝国力强盛，中国于公元640年大败阻碍丝绸之路交通、垄断东西交流的高昌国，在西域交河城设立了安西都护府，有效地统辖了西域的东、西部地区。著名唐代诗人李白于公元701年出生在被称作"安西四镇"之一的碎叶城（今吉尔吉斯斯坦托克马克市附近）。碎叶城位于楚河南岸，附近地区均受碎叶管辖。公元702年，唐朝在吉木萨尔设立了北庭都护府，主理天山北部诸地事务。此时，阿拉伯大食国日益强大起来，它们也向中亚地区东扩，与唐王朝的矛盾日益激化。公元751年，唐朝军队与大食军队在碎叶城西边的怛逻斯（今塔拉斯）一带的交战中大败，中亚广大地区归属大食。公元755年，"安史之乱"爆发，安西、北庭及西域地区的兵马被调入内地平乱，唐朝控制西域的军事实力减弱。公元790年，西域不少地方又落入了吐蕃人手中。这以后唐朝与西域东、西部地区的交流显然受到了一些影响。

应当提到的是，在整个唐朝时期的东西方交流中西域的粟特人起了显著的中介作用，他们常常来往于我国内地和中亚操伊朗语族语言和操突厥语族语言的各族人民之间。从汉到唐，通过丝绸之路，中国把茶、瓷器、丝绸等物品和造纸等技术以及丰富多彩的中国传统文化输送到了西域，并通过西域传到了西方。同样，中国中原地区从西域传进了葡萄、胡桃、菠菜、胡萝卜、胡椒、无花果、西瓜、石榴、苜蓿等水果和蔬菜，以及硼砂、琥珀、珊瑚钻石、翡翠等矿产品；也从西域传进了良种马及其他珍奇动物。在宗教和文化方面，除传进了佛教、景教、摩尼教、伊斯兰教，还传进了西域各民族的乐曲、乐器、舞蹈、杂技等，这对丰富后来形成的多元的中华民族文化起了很大的作用。

宋朝时期，中国国力比不上汉、唐时代，但中原与西域的经济、文化交流仍在进行。到了元代，蒙古帝国的版图非常辽阔，西域东、西部地区多受辖于察合台汗国。花剌子模、布哈拉、撒马尔罕、费尔干纳等地与中国中原地区的交流非常频繁。在这一时期，被征服的中亚操伊朗语族语言和操突厥语族语言的各族人民中，有不少人被遣到中原各地开荒、屯田，有的人被送来当工匠、炮手，也有少数人在中原的政府里任官。例如来自布哈拉的赛典赤·瞻思丁，曾任云南的平章政事，也黑迭儿丁则担任了元大都城的建筑设计师。

这些信仰伊斯兰教的中亚各族人在中国定居，并逐渐习惯了使用汉语，并将汉语作为这一族群的共同语言。到了元末明初，他们在中国形成了一个新的民族——回族。东乡、保安这两个民族都使用蒙古语族语言，因信仰伊斯兰教的关系，而形成了单独的两个民族。撒拉族原是来自中亚的撒劳尔部落，迁移到中国后与其他民族融合形成了单独的民族。从这里我们可以看出，在历史上中亚各族人民与中国各族人民有着极为密切的关系。上面提到的回族（指东来的穆斯林），带来了伊斯兰教哲学、历法、医学、数学、艺术和其他学科知识，中国也向中亚地区传播了印刷术、火药、指南针及农业种植和水利开发方面的经验，彼此之间进行的交流是空前广泛的。

明朝时期，中国国力变得更弱，其管辖范围只能达到西域东部的部分地区。当时，西域的察合台汗国已分裂为东、西两个汗国，西边的汗国后来演化为帖木儿帝国，东边的汗国为东察合台汗国，后来又叫作叶尔羌汗国，也称"蒙兀儿斯坦"。明朝政府更多通过东察合台汗国与西域各地联系，中国内地与西域西部地区之间的交流受到了一定影响，但相互的交流始终没有停止。明代设立的"四夷馆"中有专门负责接待来自西域各地信仰伊斯兰教客人的机构。我们从以下这件来自撒马尔罕的奏折也可看出当时交流的情况：

> 撒马尔罕使臣阿力
>
> 大明皇帝前进贡驮二箱玉石五十斤
>
> 求讨各色缎子热药
>
> 望乞
>
> 恩赐奏得
>
> 圣旨知道

另外，明朝政府还派回族人郑和率船队七次出访，不但弥补了陆路上交流的不足，而且畅通了南方海上的"丝绸之路"。

到了清朝，在康乾盛世时期，先后平定了准噶尔汗国的叛乱，接着又平息多起民族分裂活动。哈萨克、布鲁特的部分部落也表示愿意臣属，使天山南北各地都统一受辖于清政府。1876 年，清政府又粉碎了阿古柏的外来侵犯和颠覆南疆的企图。清政府为了接待哈萨克、布鲁特的部落头人，在承德山区修建了"招待所"。1884年，新疆建省。这对维护祖国统一、增进民族团结和新疆的发展都具有特别重要的意义。新疆省的建立和天山南北的统一，顺应了西域各族人民渴望结束分裂、要求实现国家统一的愿望和时代发展趋势，它也是 2000 多年来西域诸地与中国内地统一关系的发展和必然归宿。这也为近代中国的西北疆域奠定了基础。"新疆"是指"新建省的疆土"，而不是"新开拓的边疆"。

在这一时期内，中国与中亚各族人民的往来依然十分频繁。浩罕汗国的商人经常来中国喀什噶尔等地，中国商人也经常去安集延、奥什等地经商，有些人在当地留居了下来。清朝著名诗人洪亮吉写的一首柯尔克孜人赶着牛群、羊群来伊犁惠远城换购物品的诗，就描写了当时交流的盛况：

> 谁跨明驼天半回，
>
> 传呼布鲁特人来。
>
> 牛羊十万鞭驱至，
>
> 三日城西路不开。

也是在这一时期，西域西部地区发生了许多变化。俄、英等国都在争夺这一地区。沙皇俄国不断向这一地区扩张和侵占，哈萨克、布鲁特的不少部落被先后"合并"进了俄国，希瓦、布哈拉、浩罕三个汗国也先后被征服。原先属于中国的巴尔喀什湖以东以南地区及帕米尔的某些地方，在沙俄与清朝政府签订了一系列不平等条约后也被沙俄占去。中亚的哈萨克、布鲁特及其他民族人民不堪沙俄的奴役，在19世纪20年代初期，掀起了反抗沙俄的大起义，还有不少人跑到清朝管辖的地域，直至1917年十月革命后才陆续从新疆返回中亚。

1911年，中国辛亥革命胜利，推翻了封建的清朝政府，建立了中华民国。1917年，俄国也爆发了十月革命，建立了社会主义的苏俄。十月革命后，中亚建立了一些自治共和国，后又成为苏联的加盟共和国。中国与中亚五个加盟共和国的交流都是通过苏联中央政府来进行。中华人民共和国成立后的初期，苏联对中国新疆的建设有过一些帮助。从 20 世纪 60 年代起，中苏两国关系长期处于不正常状态，所以中国与中亚的交流几乎是中断的。中苏关系正常化不久，苏联就解体了，中亚各加盟共和国纷纷宣布独立。中亚各国独立后，中国不但立即与它们建立了外交关系，而且先后与它们解决了遗存的边界问题，还大力发展了政治、经济和文化诸方面的合作交流。中国本着"以邻为伴，与邻为善""睦邻、安邻、富邻"的精神，愿意做中亚各国的好邻居、好伙伴、好朋友，得到中亚各国政府和人民的信任和好评。

1991 年中亚五国独立，1992 年中国与中亚五国建立了外交关系，在政治、经济、文化等方面的友好交流掀开了新的一页。不论是政府之间，还是人民之间，交往日益密切，建交以来，中国与中亚各国的人文交流非常频繁，取得了丰硕成果，进一步加深了传统友谊。

为了进一步做好与中亚各国民间的友好交流工作，中国成立了中国中亚友好协会，曾多次派团出访中亚各国，也邀请和接待过多批来自中亚的客人，该协会与中国的有关单位和中亚各国驻华大使馆合作组织过多项友好交流活动。中国中亚友好协会已经成为增进相互友谊的桥梁。此外，国家民委和不少单位也多次组团前往中亚各国访问，进行了广泛的民间友好交流。

为了进一步做好与中亚各国友好的学术交流工作，中国科研单位和高等学校不断增设、建立了一些与中亚有关的研究单位和教学单位。如，中国社会科学院俄罗斯东欧中亚研究所设有中亚研究室；国务院发展研究中心欧亚社会发展研究所设有中亚研究室；中国国际关系研究院设有研究俄罗斯东欧中亚的研究所；新疆社会科学院成立了中亚研究所；新疆大学成立了中亚文化研究所；新疆师范大学成立了塔吉克文学奠基人——鲁达基研究中心、《玛纳斯》研究中心；新疆伊犁师范学院也成立了专门研究哈萨克斯坦语言文学的机构；兰州大学成立了中亚文化研究所、土库曼斯坦研究中心；西北师范大学成立了中亚研究院，并在其国际文化交流学院中年年招收和培养中亚各国的东干族学生；甘肃省社会科学院出版了介绍中国与中亚国家关系史的专著；青海省青海民族大学成立了土库曼斯坦研究中心；宁夏回族自治区银川市北方民族大学和宁夏大学都设有研究中亚东干族的机构；陕西省西北大学和陕西师范大学也成立了研究中亚的机构；上海华东师范大学、上海大学和上海外国语大学等单位都设立了中亚语言文化教学研究的机构。

中央民族大学成立了东干学研究所，中央民族大学外国语学院成立了俄语·中亚语系（现包括俄语·哈萨克语、俄语·吉尔吉斯语、俄语·土库曼语、俄语·乌兹别克语班），培养了既懂俄语又懂中亚语言的近400多名毕业生。中央民族大学国际教育学院仅近几年就招收了中亚各国留学生400多人。中央民族大学在2003年举行过中亚东干双语国际研讨会，并于2005年应邀赴阿拉木图、于2011年应邀赴比什凯克出席了东干学方面的国际研讨会。2012年6月8日中央民族大学举行了"中亚民族语言文化论坛"。

为了满足中亚各国青年学生迫切学习汉语和了解中国文化的愿望，除了在中国各大学招收中亚的留学生外，中国还在中亚与当地的大学等单位合作建立了8所孔子学院和许多孔子课堂。孔子学院组织了多次中文讲演比赛、唱中文歌比赛及中文研讨会等友好交流活动。建立在各国的孔子学院已成为增进中国人民与中亚各国人民之间友谊的桥梁。

　　中国的专家学者和艺术家们与中亚五国有关方面的单位与专家学者、艺术家们合作，近些年来在人文交流方面进行了大量有效的工作，笔者所了解和亲自参加的一些活动有：1995 年 6 月在北京举办了纪念哈萨克族文学奠基人、诗人阿拜·库南巴耶夫诞辰 150 周年活动；2005 年 8 月，笔者和其他中国学者应邀出席了在哈萨克斯坦土尔克斯坦市亚萨维大学举行的突厥学国际研讨会；2010 年 4 月在上海举办了"阿拉木图文化节"，同年 9 月在北京举行了小说《阿拜之路》（中文版）座谈会，还多次举行了哈萨克斯坦总统纳扎尔巴耶夫著作出版中文译本的首发式。1995 年 8 月在吉尔吉斯斯坦比什凯克举行了"纪念史诗《玛纳斯》1000 周年"研讨会；2000 年 10 月在奥什举办了"纪念奥什建城 3000 周年"活动；2001 年 11 月在比什凯克举办了"纪念中国诗人李白诞辰 1300 周年"活动；2003 年 10 月吉尔吉斯斯坦民族大学举行了"吉尔吉斯历史国际研讨会"；2005 年 8 月在吉尔吉斯斯坦玛纳斯大学举行了国际研讨会；2011 年 1 月在比什凯克人文大学举行了"东干历史、语言、风俗国际研讨会"，笔者和中国的其他代表都应邀出席了上述活动。2005 年 1 月在北京中央民族大学举办了塔吉克斯坦摄影艺术家摄影作品展；2008 年 7 月在北京举办了"纪念塔吉克诗歌之父——鲁达基诞辰 1150 周年"活动；2011 年 9 月在北京举行了《塔吉克斯坦——山花烂漫的国度》画展，同年还在北京举行了《世代相传的塔吉克民族实用装饰艺术》（中文版）及塔吉克斯坦总统埃莫马利·拉赫蒙著《历史倒影中的塔吉克民族》（中文版）的首发式，笔者出席了上述活动。2000 年 1 月在中国出版了土库曼斯坦古典诗人《马赫图姆库里诗集》的中文译本；同年 10 月中国学者出席了在阿什哈巴德举行的"土库曼斯坦历史文化遗产"国际研讨会；2007 年 5 月土库曼斯坦举行"马赫穆特·扎罗合沙勒与东方学术及文学的复兴"国际研讨会，同年 12 月土库曼斯坦举行尼萨古城国际研讨会；2008 年 2 月土库曼斯坦举行马赫穆德·喀什噶里诞辰 1000 周年国际研讨会；2010 年 9 月土库曼斯坦举行了"禾加·阿赫迈特·亚萨维与东方文学"国际研讨会；2011 年 11 月土库曼斯坦总统别尔德穆哈梅多夫来中国访问，在北京举行了总统著作中文版首发式，在人民大会堂举办了中土友谊歌舞晚会，笔者都有幸出席。乌兹别克斯坦在中国也举行过摄影作品展，2005 年 5 月举行过"乌兹别克斯坦文化日"活动；2006 年 9 月在北京举行了乌兹别克斯坦总统卡里莫夫新著《乌兹别克斯坦人民从来不依赖任何人》一书的首发式；2007 年 8 月中国派代表出席了撒马尔罕建城 2750 周年庆祝活动和"东方韵律"国际音乐节，同年 8 月在塔什干和撒马尔罕举行了"乌兹别克斯坦在发展伊斯兰文明中的贡献"国际研讨会，笔者和中国学者应邀出席了研讨会；2009 年 8 月中国再次派团赴撒马尔罕出席"东方韵律"国际音乐节；2008 年 4 月和 2010 年 5 月中国中亚友好协会会长张德广率艺术家代表团先后在乌兹别克斯坦进行文化艺术交流活动。2011 年 7 月在北京再次举办了"乌兹别克斯坦文化日"活动；2016 年在北京、广州等地举办了"吉尔吉斯文化日活动"；2018 年在北京举办了"土库曼斯坦文化日活动"。这两年因新冠肺炎疫情的流行，各种交流活动多通过视频方式举办。

生动活泼的人文交流活动增进了中国与中亚人民彼此间的了

解，加深了传统友谊。与此同时，中国的不少城市与中亚五国的一些城市结成了友好城市。下面只举部分城市为例：

土库曼斯坦：

阿什哈巴德——兰州市

马雷——西安市

乌兹别克斯坦：

塔什干州——湖南省

塔什干市——上海市

纳沃伊市——株洲市

布哈拉州——洛阳市

哈萨克斯坦：

阿拉木图市——乌鲁木齐市

奇姆肯持市——白银市

彼得罗巴甫洛夫斯克市——周口市

库斯塔奈州——甘肃省

努尔苏丹市——北京市

乌斯卡缅市——塔城市

江布尔州——陕西省

克兹勒奥尔达州——海南省

塔吉克斯坦：

杜尚别市——乌鲁木齐市

吉尔吉斯斯坦：

比什凯克市——银川市

习近平主席提出"一带一路"倡议以来，中国与中亚五国的合作交流活动更加频繁、密切，友好城市的数目也有显著的增加。

中国的一些大学与中亚国家的一些大学缔结了交流协议。例如，中央民族大学与国立乌兹别克斯坦大学、吉尔吉斯斯坦比什凯克人文大学、哈萨克斯坦国际关系与外国语大学等大学缔结了协议，建立了交流联系。值得介绍的是北京农学院不但与哈萨克斯坦、乌兹别克斯坦和塔吉克斯坦的农业大学进行交流，而且在校园里培植了"中塔杏树友谊林"（这是当时的塔吉克斯坦驻华大使拉什德·阿利莫夫从塔吉克斯坦移植来的杏树），并多次举行"中塔杏树友谊联欢活动"。

笔者是中央民族大学从事中亚和新疆民族语言文化教学研究工作的教师。中国与中亚五国建交以来笔者多次应邀到中亚各个国家或去讲学，或去出席国际学术研讨会，或去访问交流，都受到了极其热情的接待。2012年，包括笔者在内的上合组织成员国的共六位专家学者在人民大会堂荣获首次颁发的"丝绸之路人文合作奖"。笔者在中国国内也出席过许多次有关中亚的人文交流活动。中亚各国人民给我留下了极好的印象，他们热情好客，对中国非常友好，是中国人民的老朋友，是中国人民的好朋友！

为了落实习近平主席在访问中亚时提出的共建丝绸之路经济带这一宏伟倡议，为了把民间的人文交流开展得更好，结出更美好的硕果，特提出以下几点建议。

其一，建议经常派专家学者赴中亚讲学，派文艺团体赴中亚演出，在中亚办好各种展览，并继续组织好"文化日"或"文化周"活动，让中亚各国人民更加了解中国。增进民众之间的相互了解才能加深彼此友谊。

其二，与中亚国家的专家学者合作，充分运用丰富的中国历史文献资料，研究中亚各国历史，研究、编写中国人民与中亚各国人民的友好史，研究、编写新的有关丝绸之路的专著、通俗读物，并制作有关丝绸之路的视频节目。

其三，与中亚国家专家学者合作，根据中亚各国实际情况，用当地民族语言编写、出版供中亚国家大学生、研究生学习汉语的教科书及常用简明词典。

其四，与中亚国家专家学者合作翻译、出版《中亚民间故事选》《中亚民间谚语选》《中亚民间歌谣选》《中亚作家文学作品选》《中亚各族诗人作家传略》等，以供中国读者了解中亚各民族丰富的文化精品。

其五，合作举行定期和不定期的"中亚国家汉语教学研究交流会""丝绸之路国际研讨会"等学术研讨会。

笔者相信，通过中国人民与中亚各国人民的共同努力，一定会把民间人文交流开展得红红火火，结出更美好、更丰盛的成果，定能早日落实共建丝绸之路经济带的宏伟倡议！

三　中国的中亚研究：现状与未来

中国很早就有对中亚史料的记载。《史记》《汉书》《后汉书》等早期的汉文史书已经对这一地区的自然、人文概况做了较详细的介绍。更可贵的是，中国历代的史书、游记等对中亚的记载是连续不断的。中国是世界上最早研究中亚地区的国家之一。研究中亚历史，特别是研究中亚古代的历史，离开了汉文史料是难以深入的。

19世纪起，俄国、德国、美国、法国、瑞典等国开始派人到中亚地区"旅游"和调查，特别是沙皇俄国很快就把其统治扩大到了中亚地区，先后"合并"中亚各汗国。"十月革命"后，特别是在1924年苏联进行民族识别、民族区域划界以后，俄罗斯学者及中亚各民族新成长的学者对中亚各民族的语言、文学、历史、民俗、艺术、宗教、历法、医学、社会经济和名胜古迹等都开展了调查研究工作，发表了不少论文，出版了一批著作，特别是编纂出版了中亚各民族语言的语法、课本、词典及民族学方面的著作等。20世纪40年代，由于进行反法西斯的卫国战争，苏联对中亚的研究稍停了几年。20世纪50年代，苏联对中亚的研究又达到了一个新的高度，在莫斯科、列宁格勒、塔什干、阿拉木图、伏龙芝、阿什哈巴德、斯大林纳巴德都建立了有关的教学研究机构，培养出了一批又一批研究中亚各领域的人才，出版了许多学术水平较高的著作，在苏联形成了专门以中亚地区及中亚各族人民为研究对象的学科——中亚学。

第二次世界大战后，世界上曾存在社会主义国家阵营与西方国家阵营长时间的对峙，这段时间被叫作"冷战时代"。西方国家在二战后也对中亚，特别是对中亚各民族与俄罗斯族的关系等进行了研究，但对中亚更多、更直接的研究还是在苏联解体以后。美国印第安纳大学、英国伦敦大学亚非学院、法国巴黎第三大学突厥学院、日本京都大学、德国柏林大学、意大利罗马大学等都专门设立了研究中亚的机构。法国、日本、韩国等国还在中亚成立了文化研究中心，派人常驻中亚进行调查研究。俄罗斯、美国、土耳其等国还与中亚一些国家合办大学，同时对中亚进行实地调查研究。中亚五国独立以来，国际新形势使各国都非常重视中亚这一地区，世界上出现了一股"中亚热"，又形成了一门新的学科——当代中亚学，主要是各国为各自国家在这一地区的利益而从事的国际政治、国际经济和国际关系方面的研究。

早在中亚五国宣布独立前就有中国学者对中亚历史、语言、文学、民俗等方面进行了研究。近些年来，中国更加强了有关的研究，因为中亚五国是中国的近邻，是中国的朋友和伙伴，不论从贯彻睦邻友好的对外政策和进行经济、文化交流等方面，还是从维护国家统一和保证中国在和平的周边环境及边疆稳定的条件下落实西部大开发的战略部署来说，都应非常重视中亚这一地区。因此，中国在北京、上海、西安、兰州、乌鲁木齐等地的政府机构和一些大学及科学院中都建立了有关中亚的研究机构，其中，较知名的有：中国现代国际关系研究院中亚研究室、国务院发展研究中心欧亚社会发展研究所、中国社会科学院俄罗斯东欧中亚研究所、中央民族大学东干学研究所、陕西师范大学中亚研究所、西北师范大学中亚研究院、新疆社会科学院中亚研究所、新疆大学中亚文化研究所等，这些机构培养了一批从事中亚教学、研究的硕士和博士。中央民族大学开办了俄语·哈萨克语、俄语·吉尔吉斯语、俄语·乌兹别克语、俄语·土库曼语专业，并于2010年成立了俄语·中亚语系，培养通晓中亚语言的人才。国内还成立了一些研究中亚的学术团体，出版了不少有关中亚的著作，下面是1980年以来中国出版的有关研究中亚的部分著作和译作。

〔苏〕巴尔托里德：《中亚简史》，耿世民译，新疆人民出版社，1980。

冯承钧编、陆峻岭增订《西域地名》，中华书局，1980。

〔苏〕弗鲁姆金：《苏联中亚考古》，新疆维吾尔自治区博物馆，1981。

〔美〕泽夫·卡茨主编《苏联主要民族手册》，费孝通译，人民出版社，1982。

王治来：《中亚史纲》，湖南教育出版社，1986。

刘戈、黄威阳编《西域史地论文资料索引》新疆人民出版社，1988。

苏北海：《西域历史地理》，新疆大学出版社，1988。

王治来：《中亚近代史》，兰州大学出版社，1989。

潘志平：《中亚浩罕国与清代新疆》，中国社会科学出版社，1991。

新疆维吾尔自治区科学技术委员会编《中亚五国手册》，新疆科技卫生出版社，1992。

项英杰：《中亚：马背上的文化》，浙江人民出版社，1993。

张志尧主编《草原丝绸之路与中亚文明》，新疆美术摄影出版社，1994。

〔英〕加文·汉布里主编《中亚史纲要》，吴玉贵译，商务印书馆，1994。

金挥主编《东欧中亚列国志》，当代世界出版社，1994。

满达人：《中亚史地文献综述》，兰州大学出版社，1995。

热扎克·买提尼牙孜主编《西域翻译史》，新疆大学出版社，1994。

胡振华编著《柯尔克孜语教程（吉尔吉斯语）》，中央民族大学出版社，1995。

马曼丽主编《中亚研究——中亚与中国同源跨国民族卷》，民族出版社，1995。

铁木尔·达瓦买提：《四国散记》（维文），民族出版社，1996。

吴筑星：《沙俄征服中亚史考叙》，贵州教育出版社，1996。

〔吉〕苏三洛：《中亚东干人的历史与文化》，郝苏民、高永久译，宁夏人民出版社，1996。

邢广程：《中国和新独立的中亚国家关系》，黑龙江教育出版社，1996。

孟淑贤主编《各国概况——中亚》，世界知识出版社，1997。

王治来、丁笃本编著《中亚国际关系史》，湖南出版社，1997。

王沛主编《中亚五国概况》，新疆人民出版社，1997。

王国杰：《东干族形成发展史——中亚陕甘回族移民研究》，陕西人民出版社，1997。

吴福环、陈世明主编《中国与中亚研究文集》，新疆大学出版社，1998。

薛君度、邢广程主编《中国与中亚》，社会科学文献出版社，1998。

安维华、吴强、刘庚岑：《中亚穆斯林与文化》，中央民族大学出版社，1999。

丁宏：《东干文化研究》，中央民族大学出版社，1999。

赵常庆主编《中亚五国概论》，经济日报出版社，1999。

孙壮志：《中亚五国对外关系》，当代世界出版社，1999。

许序雅：《唐代丝绸之路与中亚历史地理研究》，西北大学出版社，2000。

华涛：《西域历史研究》，上海古籍出版社，2000。

马大正、冯锡时主编《中亚五国史纲》，新疆人民出版社，2000。

高永久：《西域古代伊斯兰教综论》，民族出版社，2001。

陈联璧、刘庚岑、吴宏伟：《中亚民族与宗教问题》，中央民族大学出版社，2002。

〔巴基〕A. H. 丹尼等主编《中亚文明史》第一、二卷，芮传明译，中国对外翻译出版公司，2002。

冯志文等编著《西域地名词典》，新疆人民出版社，2002。

陈世明、吴福环主编《二十四史两汉时期西域史料校注》，新疆大学出版社，2003。

丁宏：《中亚五国民族文化综论》，民族出版社，2003。

海峰：《中亚东干语言研究》，新疆大学出版社，2003。

林涛主编《中亚东干语研究》，香港教育出版社，2003。

李静杰总主编、赵常庆卷主编《十年巨变·中亚和外高加索卷》，东方出版社，2003。

潘志平主编《中亚的民族关系历史现状与前景》，新疆人民出版社，2003。

潘志平主编《中亚的地缘政治文化》，新疆人民出版社，2003。

李琪：《中亚维吾尔人》，新疆人民出版社，2003。

孙壮志、苏畅、吴宏伟编著《乌兹别克斯坦》，社会科学文献出版社，2004。

赵常庆编著《哈萨克斯坦》，社会科学文献出版社，2004。

王治来：《中亚通史》（古代卷），新疆人民出版社，2004。

王治来：《中亚通史》（近代卷），新疆人民出版社，2004。

丁笃本：《中亚通史》（现代卷），新疆人民出版社，2004。

新疆社会科学院编《汉文史籍中的柯尔克孜族资料选译》（汉文、柯尔克孜文），克孜勒苏柯尔克孜文出版社，2004。

刘庚岑、徐小云编著《吉尔吉斯斯坦》，社会科学文献出版社，2005。

施玉宇编著《土库曼斯坦》，社会科学文献出版社，2005。

阿布尔-哈齐-把阿秃儿汗：《突厥世系》，罗贤佑译，中华书局，2005。

周绍祖主编《西域文化名人志》，新疆人民出版社，2006。

夏德曼·阿合买提编译《中国汉文史籍中的突厥文献选译》（汉文、哈萨克文），中国新疆青少年出版社，2006。

钟兴麒编著《西域地名考录》，国家图书馆出版社，2008。

胡振华主编《中亚东干学研究》，中央民族大学出版社，2009。

陈世明、孟楠、高健主编《二十四史唐宋元明时期西域史料汇编》，新疆大学出版社，2010。

邓浩：《苏维埃时期吉尔吉斯斯坦的民族问题研究》，中国社会科学出版社，2011。

张文德：《朝贡与入附》，兰州大学出版社，2013。

胡振华编著《吉尔吉斯语教程》，中央民族大学出版社，2018。

肖斌：《上海合作组织》，社会科学文献出版社，2019。

李自国主编《米尔济约耶夫总统——乌兹别克斯坦改革时代的设计

师》，世界知识出版社，2019。

赵常庆：《赵常庆文集》，中国社会科学出版社，2019。

田澍、马玉凤主编《中亚研究集刊·第一辑》，甘肃文化出版社，2020。

胡振华：《胡振华自选文集》，中央民族大学出版社，2021。

"友好的大使""务实的中国通"

王宪举*

安德烈·杰尼索夫是俄罗斯独立以来，继罗高寿（1992 年 4 月~2005 年 5 月）和谢尔盖·拉佐夫（2005 年 5 月~2013 年 4 月）之后第三位驻华大使。自 2013 年 5 月至今，杰尼索夫担任俄罗斯联邦驻中国大使已 8 年多。他恪守职责，友好对华，创新工作，不遗余力，为中俄关系的长足发展做出了杰出贡献，被誉为"务实的中国通"。

一 四度来华任职

杰尼索夫大使对中国怀有特别友好的感情。早在 1969 年他就开始学习汉语。虽然当时中苏两国关系处于低谷，但是他对中国文化、历史、书法、诗词都有浓厚的兴趣，并相信苏中关系终究会好起来。从莫斯科国际关系学院毕业后，1973 年秋，年轻的杰尼索夫被派到苏联驻中国大使馆贸易代表处任翻译。他很喜欢自己的工作和生活环境，如饥似渴地提高自己的汉语水平，钻研业务。后来，为了攻读经济学硕士学位，他提前结束了在使馆的工作，返回

* 王宪举，国务院发展研究中心欧亚社会发展研究所研究员、中国人民大学-圣彼得堡国立大学俄罗斯研究中心副主任。

莫斯科国际关系学院深造。

"磨刀不误砍柴工。"汉语、英语和经济学这三门学科的知识为杰尼索夫的外交生涯奠定了坚实基础。20世纪80年代他第二次来北京,成为苏联驻华使馆经济贸易处官员,他的工作能力强,材优干济,在使馆年轻外交官中脱颖而出。1991年苏联解体后,1992~1997年他第三次在驻华使馆工作,从经济参赞、高级参赞一直干到公使衔参赞,成为一名成熟的、经验丰富的高级外交官。离任回国后,他历任俄罗斯外交部经济合作司司长、驻埃及大使、外交部副部长、常驻联合国代表和外交部第一副部长。

2013年3月23日,在俄罗斯进行国事访问的习近平主席到杰尼索夫的母校——莫斯科国际关系学院发表演讲,首次提出"建设人类命运共同体"的主张。访问期间,普京总统把杰尼索夫副外长介绍给习主席:"这是我即将任命的新的俄罗斯驻华大使,请习主席多加关照。"

一个多月后,杰尼索夫来到阔别15年的北京履新。

6月初,杰尼索夫大使的老朋友、中国前驻俄罗斯大使李凤林在他担任所长的国务院发展研究中心欧亚社会发展研究所举行欢迎会,并请杰尼索夫大使就俄罗斯内政外交形势发表演讲。为了便于杰尼索夫大使尽快了解研究俄罗斯的中国主要研究机构并结识这些机构的负责人,李大使特别邀请了中国社会科学院俄罗斯东欧中亚研究所、中国现代国际关系研究院、中国国际问题研究院、新华社世界问题研究中心的一些主要专家学者参加会见。

杰尼索夫向中国学者介绍了俄罗斯国内形势和对外关系的最新情况。他说,普京2012年3月再次当选俄罗斯总统对俄罗斯国家稳定与发展具有极其重要的现实作用和深远的历史意义。俄罗斯是世界上独立自主地决定对外政策的少数国家之一，坚定不移地发展俄中全面战略协作伙伴关系是普京对外政策的优先方向。他表示自己将不遗余力地执行这一政策，使俄中关系不断发展。

二 联系和聆听杰尼索夫大使的三次演讲

2017年3月，笔者所在的中国人民大学－圣彼得堡国立大学俄罗斯研究中心邀请杰尼索夫大使来该中心的"欧亚大讲堂"演讲，由笔者负责与俄驻华使馆联系。笔者向俄使馆寄出邀请函，没有想到，很快就收到肯定的回复。3月10日下午，杰尼索夫大使来到中国人民大学，成为访问这所著名大学的第一位俄罗斯驻华大使。人大党委书记靳诺热情会见了杰尼索夫大使，并就加强人大与俄罗斯高校的合作事宜交换了意见。

为使演讲更加生动活泼，我们特意安排以杰尼索夫大使回答问题的方式进行。参加提问的是俄罗斯研究中心主任关雪凌、人民大学"一带一路"经济研究院副院长宋利芳、俄语系主任陈方以及笔者。杰尼索夫大使就俄经济发展趋势、中国对俄投资、中俄文化的异同和俄罗斯积极的外交政策等四个方面答问。他说，他对俄罗斯未来的经济发展很有信心，希望有更多的中国企业到俄罗斯投资，促进俄中两国经济贸易合作。在当今复杂多变的国际形势下，俄中全面战略协作伙伴关系不会受到任何影响，任何因素也改变不了两国关系的特性。俄中将继续努力，推动国际关系健康发展。

在与学生互动中，杰尼索夫大使回答了萨德部署、美俄关系等问题。他表示："美在韩部署萨德导弹防御系统和这个地区形势的实际需要不成比例，因此俄罗斯强烈反对美国在韩部署导弹系统。"

俄罗斯留学生尤利娅用中俄双语问道："您对想从事外交领域工作的年轻人有什么建议？"杰尼索夫大使回答了她的问题，并说："你的汉语说得非常标准，欢迎你毕业后来外交部工作。"他鼓励尤利娅以及其他俄罗斯和中国大学生一起努力学习，为发展俄中关系做出贡献。

光阴荏苒，岁月如梭。一晃又过去 2 年。2019 年是中俄建交70 周年，为了回顾中俄关系的发展历程并展望两国关系，俄罗斯研究中心再次邀请杰尼索夫大使来"欧亚大讲堂"演讲。虽然杰尼索夫大使工作繁忙，但他还是满足了我们的请求。

5 月 22 日上午，杰尼索夫大使再访中国人民大学。中国人民大学副校长杜鹏在"世纪馆"会见他，就中国人民大学对俄研究取得的成果、深化学校与俄罗斯高校的合作、培养复合型人才、提升科研合作水平等问题与杰尼索夫大使交换了意见。杜鹏向杰尼索夫大使颁发了"中国人民大学国际学术大师讲堂"特邀嘉宾证书，感谢他两次莅临"欧亚大讲堂"。

杰尼索夫大使表示，70 年来俄中两国经历了不平凡的历程。当前俄中关系正处于历史最好时期，双方建立了全面战略协作伙伴关系；中俄高层领导人互访频繁，两国在上合组织框架下发挥重要作用，共同维护地区的安全与稳定，推动金砖国家合作，为世界经济发展注入新动力；两国关系不仅有坚实的政治、经济和文化基础做支撑，而且有两国人民深厚的友谊做支柱。

谈及两国外交关系的成果，杰尼索夫大使指出，近年来俄中两国在政治、经贸、人文和旅游等领域的合作硕果累累。俄中两国一贯坚持政治互信，在各种国际组织框架下积极开展合作，在重大国际问题上保持立场一致；两国互相支持对方倡导的国际合作，不断推动"欧亚经济联盟"和"一带一路"倡议的对接；2018年中俄两国贸易额突破1000亿美元，2019年又有进一步增长；两国在投资、创新、高新科技、航空航天、空间探索、能源等领域积极展开合作，未来还有更大的发展空间。

杰尼索夫大使说，70周年是一个很重要的年头，中国伟大的哲学家孔子曾经说过："七十而从心所欲不逾矩。"这一观点对两国关系来讲也有借鉴意义。

接着，杰尼索夫大使回答了关于两国间人文交流等问题。他指出，近年来俄中两国文化往来密切，交流形式多样，尤其在电影、戏剧、音乐等领域开展了一批引人注目的合作项目。俄罗斯年轻人对中文、中国文化的兴趣不断提升，两国高校开展了广泛的交流，联合办学，互派留学生，成就了一批又一批的精英人才。

在谈及特朗普的贸易政策对中俄关系的影响时，他认为美国政府贸易保护主义政策影响的不只是中国，世界其他国家的贸易都受其所害。大使强调，俄中两国须在互利共赢的基础上广泛开展各种合作，在国际舞台上相互协作，以国际法为准则，共同维护国际秩序。"前途是光明的，道路是曲折的"，杰尼索夫大使用汉语引用了毛泽东主席的这一名言。他表示："我坚信，俄中两国将砥砺奋进，共同推动两国关系行稳致远。"

由于笔者在天津外国语大学（以下简称天外）欧洲语言与文

化学院俄语系讲授"国际关系和俄罗斯外交"课程，2019 年 2 月李迎迎院长通过笔者向杰尼索夫大使转达了邀请函，希望他拨冗到天外为师生们就中俄关系做一次演讲。笔者趁 2 月 23 日参加俄罗斯驻华使馆举行的"祖国保卫者日"（即建军节）招待会的机会，当面向杰尼索夫大使转交了邀请函。杰尼索夫大使欣然答应："天津离北京不远，我很高兴去天津外国语大学访问。"他对秘书杰尼斯说："关于去天津访问的事宜，你们俩可以直接联系。"

4 月 11 日下午，杰尼索夫大使乘坐那辆插着俄罗斯国旗的座驾，如约来到天津外国语大学。这是天外建校以来首次迎来俄罗斯驻华大使访问，校领导非常重视，整个领导班子集体上阵——党委书记殷奇、校长陈法春、党委副书记周红蕾、纪委书记吴海东、副校长李迎迎一行在学校大门口热情迎接杰尼索夫大使，然后在会客厅举行诚挚会谈。殷奇书记介绍了天外与俄罗斯高校开展国际合作与交流的情况。他说，天外的俄语专业建于 1964 年，自 1998 年起与俄罗斯高校开展本科和研究生层次的合作与交流，目前已与俄罗斯 22 所高校建立了合作关系，与伏尔加格勒国立社会师范大学共建孔子学院。每年派出 40 名左右学生赴俄罗斯进修或攻读硕士、博士学位。现有 32 名俄罗斯教师和留学生在天外工作和学习。他相信大使的来访将增进双方了解，促进彼此合作。

杰尼索夫大使感谢天外为俄中教育合作做出的贡献，希望学校加强与俄联邦科学和高等教育部驻华代表的沟通，通过北京俄罗斯文化中心申请更多的公费留俄学生名额。他建议在中俄建交 70 周年之际由天外承办中国俄语教学大会。

会谈结束后，宾主来到天外大礼堂，师生们报以热烈掌声。俄罗斯普希金奖章获得者王铭玉教授用俄语主持演讲会。杰尼索夫大使发表题为"中俄建交70周年与两国关系展望"的演讲。他说："1979年我第一次来天津，如今40年过去了，感觉好像走进了一个新世界。"他称赞天津是中国改革开放以来快速发展的一个缩影。"天津不仅是一个现代化都市，而且是一座绿色城市，看天津感觉有一半都是绿色的，'绿水青山就是金山银山'这句话，天津实现了。"

他指出，俄中两国的友好交往和互助有着悠久的历史，现在正处于历史最好时期，建立了多层次的协商机制，高层领导人互访频繁。两国4300多公里的边界线全部划定，成为世界上最和平的边界线之一。俄中在上海合作组织框架下发挥重要作用，成为地区安全稳定的保障。两国共同推动金砖国家合作，为世界经济发展注入新动力。俄罗斯还积极支持中国的"一带一路"倡议，使两国的全面合作在更为广阔的平台上进行。俄中两国的经济结构有着高度的互补性，近年来双边经贸合作不断迈上新台阶，在油气管道建设、核电开发、航空航天等领域紧密合作，农业合作和食品贸易引人注目，边境首座跨江大桥即将通车。

他特别指出，天津地处"一带一路"重要节点，是新亚欧大陆桥经济走廊的重要枢纽。"俄中蒙经济通道的起点是天津，终点是俄罗斯，这条通道潜力巨大，前景广阔。如今我们在很多领域，比如在经贸往来、液化天然气、粮食煤炭等方面密切合作。"他说，"俄罗斯人都知道，天津具有航空航天、高端装备制造、石油化工、人工智能的综合优势，我希望咱们可以把合作扩大到高科技和智能制造等领域。"

最后，他再次引用中国古代思想家孔子"七十而从心所欲不逾矩"的句子，形容俄中建交 70 周年后两国关系已进入成熟稳定期。他的精彩演讲赢得师生们的阵阵掌声，引起强烈共鸣。

陈法春校长向杰尼索夫大使赠送了天外"丝路讲坛"纪念品，并颁发第 11 期"丝路讲坛"证书。已在天外工作 6 年的俄罗斯教师安德烈耶夫夫妇向大使先生赠送了自己创作的"天外印象"国画，表达美好祝愿。之后，杰尼索夫大使参观了天外校史馆以及天外与俄罗斯南乌拉尔国立大学合作建设的普希金学院。离开天外时，杰尼索夫大使说："天津这颗'渤海明珠'名副其实，我希望还能有机会再来天津。"

三 大使的四个特点

从杰尼索夫大使在人大和天外的三次演讲以及笔者与他之间在其他场合的多次接触中，笔者深切感受到杰尼索夫大使具有以下四个显著的特点。

第一，他对中俄睦邻友好合作条约中确定的"世代友好，永不为敌"的战略方针有着深刻理解，对中国人民怀有非常友善的态度，对发展俄中友好合作关系抱有极大的热忱。他从不傲气，不摆架子，平易近人，彬彬有礼。凡是有益于俄中关系的事，他都积极去做，无论有多大困难，他都亲力亲为地去克服。

第二，他十分重视公共外交，善于做"民心相通"的工作。他是驻北京的外国使节中在中国新闻媒体出镜次数最多、见报率最高的大使。他最新的一个视频讲话，是用汉语祝贺中国共产党成立

100周年。他说："100年来，中国共产党实事求是，不断改革进取，团结带领中国人民实现生活幸福、国家富强，为实现中华民族伟大复兴指明方向……借此机会，我谨代表俄罗斯驻华大使馆，对友好的中国人民和广大的中共党员表示祝贺！祝中华人民共和国国泰民安，繁荣昌盛！"这段视频一经播出，即被中国广大网民大量转发。

第三，他十分重视俄中两国高等院校特别是青年之间的合作交流，凡有这样的机会，从不放过。除中国人民大学外，他还访问了北京大学、北京外国语大学、深圳北理工莫斯科大学等高校。可以毫不夸张地说，杰尼索夫大使是最受中国高等院校师生欢迎的外国嘉宾之一。中国年轻人特别是大学生记住了这位和蔼可亲、能用汉语讲演的大使。

第四，他讲究实事求是、客观辩证。他在演讲和接受媒体采访时经常引用毛泽东主席"实事求是"的名言，认为这是做人做事最重要的原则之一。而他作为大使在参加各种双边活动、处理俄中关系的各种问题时，都显露出"务实"的形象和精神。很多中国人称他是"友好的大使""务实的中国通"，这是十分贴切的。

中国学术机构在乌兹别克斯坦的联合考古工作现状与展望

王建新*

【内容提要】本文在回顾中国学术机构在乌兹别克斯坦开展联合考古和文化遗产保护工作的历史和现状的基础上，根据乌兹别克斯坦历史文化遗产资源分布的特点，提出了开展"丝绸之路：天山廊道路网"文化遗产调查研究和在北巴克特里亚、索格底亚纳、费尔干纳盆地、花剌子模等区域开展联合考古和文化遗产保护工作的思路。

【关 键 词】中国学术机构　乌兹别克斯坦　联合考古　文化遗产保护

一　中国学术机构在乌兹别克斯坦联合考古工作的现状

乌兹别克斯坦地处中亚阿姆河和锡尔河两河之间，历史上是中亚文明的核心区域，历史文化遗产资源丰富。由于乌在古代中亚文明和东西方文明交往以及丝绸之路历史上的重要地位，其考古和文

---

* 王建新，西北大学丝绸之路考古中心主任、教授。

化遗产保护工作受到国际学术界和社会各界的高度关注。中国学术机构在乌与其有关部门开展联合考古和文化遗产保护领域的国际合作，可以增进"一带一路"共建国家与中国的"民心相通"，在国际上产生良好的影响。

中乌两国在考古和文化遗产保护领域的合作开展较早。早在2003年，中乌两国政府就签订了在考古和文物保护领域合作的协议；2009年，西北大学考古学术团队开始赴乌开展工作；2013年，中国社会科学院考古研究所在乌安集延开始明铁佩遗址的考古发掘工作；2016年，中国文化遗产研究院在希瓦古城开展的保护工程项目正式启动。这些工作目前均进展顺利，已经取得一系列阶段性的研究成果。

2019年1月至6月，西北大学和中国社会科学院考古研究所先后与乌方合作在乌国家历史博物馆举办了中乌联合考古成果展，在国际学术界和社会各界产生了良好的影响。

中国领导人对中国学术机构在乌开展的联合考古和文化遗产保护工作高度重视并给予了高度评价。

2016年6月21日，习近平主席在乌媒体上撰文指出："中国国家文物局、中国社会科学院、中国西北大学等单位积极同乌方开展联合考古和古迹修复工作，为恢复丝绸之路历史风貌做出了重要贡献。"6月22日，习近平主席在访乌期间特意会见了在乌开展考古和文化遗产保护工作的中国文化遗产研究院、中国社会科学院考古研究所和西北大学的工作人员。

中国学术机构在乌开展的考古工作，是丝绸之路联合考古工作的重要组成部分。

从乌地理环境和古代文明演进的历程看，乌历史文化遗产分布的特征可概括为"一条廊道、四大区域"。

一条廊道——丝绸之路天山廊道路网文化遗产。自然形成的天山山脉，东起中国新疆哈密，西至乌兹别克斯坦的克孜勒库姆沙漠，横跨中国、哈萨克斯坦、吉尔吉斯斯坦、塔吉克斯坦、乌兹别克斯坦、土库曼斯坦六国。乌位于丝绸之路天山廊道路网的西段西端，是古代通往西亚、南亚和欧洲的关键区域。

四大区域为：包括乌南部阿姆河以北、西天山以南的苏尔汉河州在内的北巴克特里亚（Bactria）区域；阿姆河和锡尔河之间以泽拉夫尚河流域为中心、包括乌中南部和北部的撒马尔罕州、布哈拉州、纳沃伊州、卡什卡达里亚州、吉扎克州和锡尔河州在内的索格底亚纳（Sogdiana）区域；包括乌东北部费尔干纳州、纳曼干州和安集延州在内的费尔干纳（Fergana）盆地区域；包括乌西部阿姆河下游和咸海以南花剌子模州和卡拉卡尔帕克斯坦自治共和国在内的花剌子模（Khorazm）区域。

二 丝绸之路天山廊道路网 文化遗产调查研究工作

历史上的丝绸之路天山廊道路网，包括天山山脉南北两麓的道路，东与长安至天山的路网相接，向西与中亚各国相通，西达西亚，南连南亚，北通草原之路，是古代丝绸之路主线的关键路段。2014年，中、哈、吉三国联合申报进入世界遗产名录（以下简称"申遗"）成功的"丝绸之路：长安—天山廊道路网"文化遗产，仅仅是天山廊道路网的部分遗产，并不是天山廊道路网遗产的全部。

丝绸之路是人类共有的历史文化遗产，"一带一路"建设是对丝绸之路文化遗产的继承和弘扬。通过联合"申遗"，可以不断加深中国与丝绸之路沿线国家的人文交流与合作，在保护和传承共有文化遗产的基础上，共建人类命运共同体。因此，"丝路申遗"工作应与"一带一路"建设密切结合。中国应坚持丝绸之路整体联合"申遗"的目标，并提出分阶段实施、逐步完善的方案。通过这样的方案，不断联合丝绸之路沿线更多的国家参与"丝路申遗"。由于丝绸之路沿线国家的地理环境、政治、经济、社会、文化等各方面都有诸多不同，"丝路申遗"的过程必然是十分艰巨和漫长的。但是，必须清醒地认识到，联合"申遗"的过程比"申遗"的目标更为重要。中国学术机构应在"丝路申遗"的过程中积极发挥主导作用，努力协助丝绸之路沿线国家做好文化遗产保护工作，使联合"申遗"在共建"一带一路"的过程中发挥积极的影响和作用。

西北大学丝绸之路考古中心与国际古迹遗址理事会西安国际保护中心（IICC-X）合作，计划近期首先开展乌境内天山廊道路网文化遗产的调查研究和评估工作。该项工作的目标是：以乌境内的天山廊道路网的调查研究为开端，进一步深入开展土库曼斯坦、塔吉克斯坦、吉尔吉斯斯坦、哈萨克斯坦和中国新疆境内的天山廊道路网文化遗产调查研究和评估工作，在学术上厘清构成丝绸之路天山廊道路网文化遗产的要素和遗产点、线，为相关国家政府和国际组织确定"丝路申遗"的方案提供学术支撑和决策依据。

三 北巴克特里亚区域联合考古 和文化遗产保护工作

巴克特里亚区域位于古代南亚印度河文明和西亚两河文明之间的交通要冲，至迟距今约 4000 年前这里就出现了以灌溉农业为基础的青铜时代的文化。此后该地先后经历了早期铁器时代、波斯帝国统治时期和希腊化时期。公元前 138~前 130 年，月氏人西迁此地，希腊-巴克特里亚王国灭亡。公元前 2 世纪后半叶至公元 1 世纪初，月氏人统治了巴克特里亚（中国文献称为"大夏"）地区。汉武帝时期张骞为联合月氏对抗匈奴出使西域曾来到此地。公元 1 世纪上半叶，月氏人统治下的大夏五翖侯之一的贵霜翖侯崛起，建立了贵霜王朝。公元 3 世纪，西亚萨珊波斯兴起并进入巴克特里亚地区，贵霜王朝的势力日益削弱。至公元 5 世纪上半叶（约公元 425 年），巴克特里亚残余的贵霜势力在嚈哒的不断打击下灭亡。此后吐火罗人进入巴克特里亚，该地遂被称为吐火罗斯坦。

由于巴克特里亚地区在古代文明交往过程中的重要地位，该地区的考古工作长期被国际学术界重视。苏联考古学家在乌、塔南部的北巴克特里亚地区做了大量的考古工作。法国于 20 世纪 20 年代开始获得在阿富汗境内考古的独占权，在阿富汗开展了 100 年的考古工作。苏联解体、中亚各国独立后，法国考古队迅速进入了乌、塔，开展考古工作。日本也较早在巴克特里亚地区开展了考古工作，针对贵霜时期一些重要的佛教寺院遗存开展考古和文物保护工作。在北巴克特里亚地区开展考古工作的还有俄罗斯、美国、德国、韩国、奥地利等国的学术机构。

2009年以来，中国西北大学考古学术团队在北巴克特里亚区域开展了全面系统的区域考古调查，并先后选择乌兹别克斯坦拜松拉巴特遗址（2017～2018年）①、乌尊谢尔哈拉卡特遗址（2019年）、德尔康遗址（2019年）② 和塔吉克斯坦哈特隆喀什喀尔遗址（2018年）进行了科学精准的小规模考古发掘，初步确认了古代月氏文化的特征和在北巴克特里亚区域的分布状况，在国际关注的重大学术课题研究方面取得突破和进展。

2018年6月，在泰尔梅兹大学召开了中乌联合考古工作会议，中乌两国50余位考古学家参加了会议。与会学者对中乌两国在这一区域开展的联合考古工作成果给予了高度评价。目前，在这一区域的考古工作正在向纵深发展。

今后在北巴克特里亚区域计划开展的联合考古和文化遗产保护工作主要有以下几个。

第一，在乌苏尔汉河流域继续开展考古工作，厘清古代月氏文化和贵霜文化的联系与区别，重新认识古代月氏与贵霜的关系，争取在这一重大学术课题研究领域取得突破。该项工作目前已在进行之中（近期工作）。

第二，对乌泰尔梅兹市及周边地区古代佛教寺院遗存开展全面系统的考古调查工作，对泰尔梅兹考古博物馆收藏的历年出土的佛

① 梁云、李伟为、裴建陇等：《乌兹别克斯坦拜松市拉巴特墓地2017年发掘简报》，《文物》2018年第7期；唐云鹏、李伟为、梁云等：《乌兹别克斯坦拜松市拉巴特墓地2018年发掘简报》，《考古》2020年第12期。
② 唐云鹏、王建新：《乌兹别克斯坦苏尔汉河流域考古工作的主要收获——月氏与贵霜文化的考古学观察》，《西北大学学报》（哲学社会科学版）2021年第3期。

教文物资料开展整理研究工作。在此基础上，选择若干佛教寺院遗存开展考古发掘和文物保护工作。该项工作已于 2019 年启动（近期和中长期工作）。

第三，在乌苏尔汉河州开展文物普查工作。在总结中国三次全国文物普查工作经验的基础上，弥补乌以往考古和文化遗产保护基础工作的缺失。在此基础上，编制苏尔汉河州文化遗产保护总体规划；重新评估北巴克特里亚区域已有的考古成果，重新认识该区域考古学文化的时空关系。在苏尔汉河州开展的文物普查工作要形成示范作用，以利于在乌其他地区和中亚其他国家推广开展类似工作（中长期工作）。

四 索格底亚纳区域联合考古 和文化遗产保护工作

索格底亚纳区域以泽拉夫尚河流域为中心，位于中亚阿姆河与锡尔河之间，包括乌中部地区和塔最西部地区，是中亚古代文明的核心区域。

在塔最西部彭吉肯特谷地发现的距今约 5000 年的萨拉兹姆遗址，是在中亚河间地区发现的最早的铜石并用时代至早期青铜时代的遗存。公元前 1000 年，琐罗亚斯德教开始在索格底亚纳流行。此后，索格底业纳先后被波斯人和希腊人统治。约公元前 3 世纪在中亚北部草原崛起的游牧国家康居，于公元前 2 世纪完成了对索格底亚纳的统治。5~8 世纪，是信奉琐罗亚斯德教的索格底亚纳（中国古代文献称为"粟特"）人发展的鼎盛时期，在索格底亚纳区域分布有若干城邦小国，中国文献称其为"昭武九姓"之国。[①]
8世纪开始，阿拉伯人的进入使索格底亚纳逐渐伊斯兰化。

由于索格底亚纳在历史上长期作为中亚的政治、经济和文化中心区域，遗留有大量的历史文化遗产。乌兹别克斯坦已进入世界遗产名录的4处文化遗产中，有3处在索格底亚纳。

苏联时期，考古学家在索格底亚纳做了大量的考古工作。乌兹别克斯坦独立后，欧美国家和日韩等国迅速进入该区域开展考古工作，其中意大利博洛尼亚大学团队在撒马尔罕盆地的考古工作已进行了20多年。

中国西北大学与乌科学院考古研究所合作，从2009年开始在该区域开展了连续多年的考古调查。在此基础上，2015~2016年对撒马尔罕西南的撒扎干遗址进行了考古发掘，初步确认了古代康居文化的特征和分布范围。[②] 2019年又对撒扎干遗址进行了补充发掘。

今后在索格底亚纳区域计划开展的联合考古和文化遗产保护工作主要有以下几个。

第一，继续开展该区域系统考古调查和选择性的考古发掘工作，进一步厘清游牧国家的康居文化与其统治下的5个农业小国文化的联系与区别，力争在这一重大学术课题研究方面取得突破和进展（近期和中长期工作）。

---

① 见《魏书·西域传》《隋书·西域传》《北史·西域传》《旧唐书·西戎传》《新唐书·西域传》等。

② 西北大学丝绸之路文化遗产与考古学研究中心、乌兹别克斯坦共和国科学院考古研究所：《2015年度撒马尔罕萨扎干遗址发掘报告》，《西部考古》第12辑；热娜古丽·玉素甫、习通源、梁云：《乌兹别克斯坦撒马尔罕市撒扎干遗址M11发掘简报》，《文物》2018年第7期；梁云：《康居文化刍论》，《文物》2018年第7期。

第二，开展古代粟特文化的考古学研究，厘清古代粟特人和粟特文化的源流关系和发展脉络；并结合中国境内的粟特文化遗存，进一步探讨古代粟特人在丝绸之路文明交往历史上的地位和作用（近期和中长期工作）。

第三，选择索格底亚纳区域内阿弗拉西亚布（撒马尔罕古城）、科克特佩、卡菲尔卡拉等价值重大的古城遗址，编制大遗址保护总体规划，推动完善这些遗址的考古、文化遗产保护和展示工作（中长期工作）。

五　费尔干纳盆地联合考古和文化遗产保护工作

费尔干纳盆地位于中亚东部，分属乌、塔、吉三国。乌占有该盆地的大部分，包括北部和中部，乌兹别克斯坦的费尔干纳、纳曼干和安集延三个州位于该盆地；吉占有该盆地的东部和东南部；塔占有该盆地的西南部。

费尔干纳盆地是古代丝绸之路的咽喉要道。公元前15~前7世纪，费尔干纳盆地分布着青铜时代定居农业的楚斯特文化。公元前329年，亚历山大东征进入费尔干纳盆地。公元前2世纪，来自北方的游牧人群进入费尔干纳盆地周边的山前地带，与盆地内的农业人群共处，这一时期的费尔干纳盆地被中国古代文献称为大宛国。公元前104年和前101年，汉武帝遣贰师将军李广利两次攻打大宛。公元前60年汉西域都护府设立后，大宛属西域都护府管辖。西晋武帝太康六年（285年），中国文献还有封大宛王的记载。此后，费尔干纳盆地成为粟特人的领地。公元8世纪以后，费尔干纳盆地进入伊斯兰化时期。

苏联时期在费尔干纳盆地开展了连续多年的考古工作。苏联解体后，费尔干纳盆地分属乌、吉、塔三国，由于历史遗留的民族和领土等问题，三国之间关系紧张，在费尔干纳盆地曾发生多次边境冲突流血事件。三国在费尔干纳盆地的考古工作也是各行其是，互不交流。目前，在费尔干那盆地开展考古工作的除这三国的本国学者外，还有日本和中国的学术机构。

2013～2019年，中国社会科学院考古研究所与乌兹别克斯坦科学院考古研究所合作，在安集延明铁佩古城遗址开展了联合考古发掘工作。该古城遗址的年代距今2300～1600年，是公元前后费尔干纳盆地内面积最大的古城。①

近年来，在中亚各国领导人的共同努力下，乌、塔、吉三国的关系趋于缓和。同时，中国考古学术机构分别与三国考古学术机构建立了合作关系，并已分别在三国开展了联合考古工作，这为探讨建立费尔干纳盆地考古多国交流合作机制提供了可能。

2019年3月，西北大学邀请乌、塔、吉三国和国内相关科研机构、高校的学者，召开了"费尔干纳盆地考古座谈会"。2019年9月，由西北大学发起并与吉尔吉斯斯坦科学院历史、考古与民族研究所联合主办的费尔干纳盆地考古四国联合考察活动，在吉尔吉斯斯坦奥什市举行，中国多家机构的15位学者以及吉、乌、塔三国的9位学者参加了此次联合考察活动。本次考察活动是建立费尔

---

① 刘涛、朱岩石、艾力江、何岁利：《乌兹别克斯坦明铁佩古城遗址发掘取得突破性收获》，《中国文物报》2017年1月18日。

干纳盆地考古多国合作交流机制的开端。在境外丝绸之路考古研究领域已有中国学术机构与国外学术机构双边合作的基础上，开创了多国合作开展联合考古工作的新机制、新方式、新内容。

今后在费尔干纳盆地计划开展的联合考古和文化遗产保护工作主要有以下几个。

第一，继续完善在费尔干纳盆地中、乌、塔、吉四国联合考古工作机制，逐步开展考古调查和发掘工作。重新评估该区域已有的考古成果，重新认识该区域考古学文化的时空关系，重点厘清大宛时期各都邑的位置和该时期农业人群与游牧人群的关系，为研究该时期大宛与汉王朝的关系提供考古学资料（近期和中长期工作）。

第二，继续开展安集延明铁佩古城遗址的联合考古工作，将考古工作的重心从古城本体向古城周边转移，进一步了解与古城同期的墓葬、手工业作坊等各类遗存的分布状况和环境变迁过程。在此基础上，编制明铁佩古城遗址保护总体规划，全面推进该城址的考古、保护和展示工作（近期工作）。

第三，开展纳曼干州阿荷西肯特古城遗址考古、文化遗产保护和考古遗址公园建设工作。阿荷西肯特古城遗址位于纳曼干市西南25公里处的锡尔河北岸，始建于公元前3～前2世纪，至喀喇汗王朝时期（9～12世纪），曾是费尔干纳盆地规模最大的中心城市。2017年，乌兹别克斯坦政府工作会议决定，对阿荷西肯特古城遗址进行全面保护，并在此建设考古遗址公园。乌方期望该项工作得到中国的援助，故宫博物院已有计划与乌方联合开展该项工作（近期和中长期工作）。

六 花剌子模区域联合考古 和文化遗产保护工作

花剌子模区域与新石器时代文化发达的土库曼斯坦相邻，已经发现了公元前3000多年时的新石器时代文化遗存，是目前乌境内唯一发现新石器时代文化遗存的区域。公元前2000年，进入青铜时代的该区域居民开始发展灌溉农业和饲养家畜。公元前1000年以后，该区域进入早期铁器时代，并开始流行琐罗亚斯德教。此后，该区域先后被波斯人、希腊人统治。公元1世纪贵霜王朝崛起后，一度统治了花剌子模。公元3世纪起，花剌子模被萨珊波斯统治。7世纪中期（667年前后）花剌子模被阿拉伯人征服，居民皈依伊斯兰教。

苏联时期在花剌子模区域开展了大量的考古工作。1959年，当时的中国科学院考古研究所曾派遣王仲殊、王伯洪两位学者，赴卡拉卡尔帕克斯坦自治共和国首都努库斯参与苏联学者在当地的考古工作。目前，该区域正在进行的考古项目不多，主要有法国学者在这里进行新石器时代遗存的考古调查和发掘。

2016～2019年，中国文化遗产研究院在中国商务部对外文化援助项目的资助下，承担了被列入世界遗产名录的希瓦古城内城——伊钦·卡拉城内的阿米尔·图拉经学院和哈桑·穆拉德库什别吉清真寺两处古代建筑的修复保护和环境整治工程。2019年12月，该项目竣工并通过验收。① 2020年3月12日，乌总统米尔济约耶夫

---

① 周翰博：《中国援助乌兹别克斯坦历史文化遗迹修复项目通过验收》，2019年12月28日，人民网努尔苏丹12月28日电。

在现场视察时对该项目成果给予高度评价。①

今后在花剌子模区域计划开展的联合考古和文化遗产保护工作主要有以下几个。

第一，收集、整理、编译、研究花剌子模区域已有的考古资料和研究成果，并在此基础上开展该区域考古学文化遗存的调查工作（近期工作）。

第二，选择该区域青铜时代至早期铁器时代重要的古城遗址，开展考古调查、勘探、测绘和小规模发掘工作，并在此基础上，编制遗址保护总体规划，推进全面系统的文化遗产保护工作（中长期工作）。

第三，选择该区域重要的文化遗产和古代建筑，继续开展修复保护和环境整治等保护工程（近期和中长期工作）。

七　联合考古工作基地、联合实验室和丝绸之路考古合作研究中心建设

中国学术机构在乌兹别克斯坦开展的联合考古和文化遗产保护工作，需要长期持续不断的努力才能不断取得突破和成果。为支撑中国学术机构在乌联合考古和文化遗产保护工作的长期开展，在乌建设联合考古工作基地、联合实验室很有必要。

2019 年 3 月，西北大学与乌兹别克斯坦国立泰尔梅兹大学共

---

① 周翰博：《乌兹别克斯坦总统视察中国援乌历史文化遗迹保护修复合作项目》，2020 年 3 月 14 日，人民网努尔苏丹 3 月 14 日电。

同决定，在泰尔梅兹大学共建孔子学院、共建泰尔梅兹大学考古学专业、共建中乌联合考古工作基地。中国陕西省政府决定出资支持该基地建设，该基地建设也得到乌兹别克斯坦苏尔汉河州政府和泰尔梅兹市政府的重视和支持。

为对中乌联合考古工作提供科技支撑，2019年11月，西北大学与米尔扎·兀鲁伯乌兹别克斯坦国立大学签订了共建"丝绸之路古代人类与动物研究国际联合实验室"的协议。目前，该实验室建设已得到中国科技部专项经费的支持。

2021年5月12日，中国国务委员兼外长王毅在陕西西安主持"中国+中亚五国"外长第二次会晤时宣布："中方计划在中国西北大学建立'中亚丝绸之路考古合作研究中心'，欢迎各方积极参与。"①

该中心将与国内和中亚各国学术机构共同建设。中心建设的主要内容有以下几点。

第一，积极开展丝绸之路考古和文化遗产保护领域的国际合作研究。

第二，为中国和丝绸之路沿线国家培养考古和文化遗产保护领域的高水平人才。

第三，构建支撑在丝绸之路沿线国家开展联合考古和文化遗产保护研究工作的科技平台。

第四，构建中国与丝绸之路沿线国家开展人文交流、文明互鉴活动的平台。

---

① 赵争耀：《我国计划建"中亚丝绸之路考古合作研究中心"》，《三秦都市报》2021年5月14日。

该中心将成为中国学术机构与中亚各国学术机构开展考古和文化遗产保护领域合作研究的国际化平台，极大促进中国学术机构在乌兹别克斯坦的联合考古和文化遗产保护工作的深入开展。

理论篇：

上海合作组织民间友好的动力

上海合作组织：构建人文共同体，凝聚发展新动力

李　琪[*]

【内容提要】构建上海合作组织"人文共同体"是对马克思主义世界历史"交往理论"的传承、创新和发展。上合组织成立20年来，人文交流合作作为其建设发展的础石之一，从实践探索到理论升华，凝练为构建上海合作组织"命运共同体"的核心主题之一，丰富了"人类命运共同体"的时代意涵。"一带一路"建设为之提供了更为务实的实践路径。本文针对当今世界的变革和挑战，对上合组织国家更好地促进民心相通，行稳致远，提出建议思考。

【关 键 词】上海合作组织　人文共同体　民心相通　"一带一路"

文明在互动交流中发展，民族在开放包容中共存。以"互信、互利、平等、协商、尊重多样文明、谋求共同发展"为核心内涵的"上海精神"是上海合作组织建设的精髓。上合组织成立20年来，人文交流合作、民心相知相通作为成员国之间多元合作、互联互通、凝聚力量、共同繁荣的精神纽带和文化桥梁，奠定了维系组

* 李琪，陕西师范大学中亚研究所、教育部国别和区域研究基地陕西师范大学乌兹别克斯坦研究中心教授、博士研究生导师，中国社会科学院中俄战略协作高端合作智库常务理事。

织发展和事业兴盛的社会根基和民意基础。

在当今世界百年未有之大变局与新冠肺炎疫情大流行相互叠加、国际格局加速调整、许多国家陷入经济衰退、全球进入动荡变革期的新形势下，上合组织国家应该如何命运与共、砥砺前行、开启未来新篇章？面对时代之问，习近平主席在 2020 年 11 月 10 日召开的上合组织成员国元首理事会第二十次会议上提出"加强抗疫合作，构建卫生健康共同体""维护安全和稳定，构建安全共同体""深化务实合作，构建发展共同体""促进民心相通，构建人文共同体"的重大倡议，从多维度把握和契合了世界大变局走势下上合组织未来发展的历史进路。

一　构建上合组织"人文共同体"的逻辑起点和时代内涵

"构建人文共同体"是在科学总结国际和国内历史经验的基础上提出的。这一概念的生成逻辑是以"尊重多元文明"为基本原则，以"新文明观"为全球治理模式的致思路径，以构筑"文明之路"、建立"新型国际关系"为实践指向；彰显了中华文明"立天下之正位，行天下之大道"的历史价值观；从实践探索到理论升华，凝练为构建上海合作组织"命运共同体"的核心主题之一，丰富了"人类命运共同体"的时代意涵。

文明交流始终与世界历史的演进相伴而生，是推动人类文明进步和世界和平发展的重要动力。马克思和恩格斯在《德意志意识形态》和《共产党宣言》中就提出"普遍交往"的学说，指出大工业开创了世界历史，"它消灭了各国以往自然形成的闭关自守的状态"①。"新的工业的建立已经成为一切文明民族的生命攸关的问题……过去那种地方的和民族的自给自足和闭关自守状态，被各民族的各方面的互相往来和各方面的互相依赖所代替了。物质的生产是如此，精神的生产也是如此。各民族的精神产品成了公共的财产。民族的片面性和局限性日益成为不可能。"② 马克思和恩格斯阐明了从民族历史走向世界历史的根本动因是人类生产活动的不断扩大和新的生产资料的需求日益增加，从而"造成以全人类互相依赖为基础的普遍交往"③。马克思和恩格斯提出"普遍交往"学说的概念，是以大工业为标志的生产力之世界性同"交往发展"之必要性的相互统一为立论的。

回眸历史，在过去200多年的世界工业化、现代化进程中，我国曾先后失去过三次工业革命的机会。21世纪，中国成为第四次工业革命的发起人之一。第一次与发达国家站在了同一起跑线上。新的历史时期，习近平站在世界历史的高度，审视当今国际形势走向和面临的重大问题，基于中华民族的文化核心和文明精髓"和合观"，以新的视阈提出了一系列新型国际关系理念。他在上合组织峰会上指出："尽管文明冲突、文明优越等论调不时沉渣泛起，但文明多样性是人类进步的不竭动力，不同文明交流互鉴是各国人民共同愿望。……'地球村'的世界决定了各国日益利益交融、

---

① 《马克思恩格斯选集》第1卷，人民出版社，1995，第114页。
② 《马克思恩格斯选集》第1卷，人民出版社，1995，第276页。
③ 《马克思恩格斯选集》第1卷，人民出版社，2012，第862页。

命运与共，合作共赢是大势所趋。"① 他提出"文明因交流而多彩，文明因互鉴而丰富。文明交流互鉴，是推动人类文明进步和世界和平发展的重要动力"② 的主张。他呼吁"树立平等、互鉴、对话、包容的文明观"③，弘扬"上海精神"，构建上海合作组织命运共同体，开创了区域合作的新模式。这些理论思想是对马克思主义世界历史"交往理论"的传承、创新和发展，核心理念均体现于构建"人类命运共同体"的目标模式之中，为上合组织的建设提供了更为系统深广的发展空间和宏伟蓝图。这一系列概念的提出是对国际关系理论和实践的重大创新，丰富了上合组织国家团结互信、安危与共、互利共赢、包容互鉴的合作理念，推动各成员国应对时代变局，在新的起点上行稳致远。

中国有"人之相知，贵在知心"的箴言规谏，古波斯有"人心之间，有路相通"的谚语韵句，均告知人们：不同国家、不同民族、不同文明之间应该坚持交流互鉴、和谐共存，唯心相交，方能成其久远。中亚国家的领导人也多次指出，仅靠经济实力至上，抑或经济存在的扩大，并不能保证民众的相知和认同。上合组织20年的实践经验证明，"道相通、心相知、力相合"才是新时代上合组织发展的根本保证。

在现当代国际关系领域，人文交流已成为世界舞台上的重要元素，也是上合组织发展的优先事项之一。上合组织成员国领导人一

---

① 习近平：《弘扬"上海精神" 构建命运共同体——在上海合作组织成员国元首理事会第十八次会议上的讲话》，人民出版社，2018，第3页。
② 《习近平谈治国理政》，外文出版社，2014，第258页。
③ 《习近平谈治国理政》第3卷，外文出版社，2020，第441页。

再强调，人文合作是本组织内部不断发展的互动领域之一。面对当今世界的变革和挑战，在国际政治经济秩序深刻调整，民族、宗教、文化多重矛盾激化累加，安全环境复杂多样的大背景下，上合组织构建"人文共同体"比以往任何时期都更具重要意义。它不仅能够加强成员国和区域间在文化教育领域的合作，而且具有协调组织内部关系的作用，还可以间接促进和加强双边或多边政治、安全和经济领域的合作。这对于上合组织国家强化"命运共同体"意识无疑具有价值导向和塑造作用。

在新的历史起点上，上合组织国家必将从历史沉淀中汲取经验和智慧，在维护文化多元，精诚合作、同舟共济，齐心协力构建上海合作组织"命运共同体"的基础上，凝聚力量、筑牢础石、打造平台、拓展空间，共享和平、共谋发展、共求繁荣。

二　构建上海合作组织人文共同体的实践推进与旨归

上合组织涵盖的国家在政治制度、文化传统、意识形态等方面存在较大差异。人文交流为上合组织国家的民心相通架设桥梁，为各国政策沟通、设施联通、贸易畅通、资金融通、民心相通提供支撑。20年来，上合组织将人文交流合作作为职能建设的重要组成部分和实施共同目标的活动载体，开辟了形式多样的实践、路径和模式创新，呈现生机勃勃的发展态势，为促进欧亚地区各国人民的世代友好注入了强劲动力。

教育合作助力民心相通，为上合组织民间友好奠定基础。在

"一带一路"倡议的推动之下，上合组织在教育合作领域取得了丰硕的成果。上合组织大学的诞生建立了成员国"无国界教育"的创新模式，迈出了上合组织教育国际化的重要一步，为成员国新生代的继续教育创造了机遇和条件。建校12年来，上海合作组织大学校长论坛定期举行；成员国之间建立了教育体系发展和现代化经验交流机制，拟订了联合培训专门人才的合作计划；培养了2000多名接受高等专业教育的大学生。

中国与俄罗斯的双边教育合作卓有成效。两国领导人曾拟订2020年双方学生交流人数达10万人的计划。2019年上半年双方交流学生人数已超出9万人，标志着这一目标已基本实现。目前已有200所俄罗斯高校和600所中国高校建立了伙伴关系，签署了2500份合作协议。截至2018年，在俄罗斯学习的中国留学生有39239人。2019年在中国接受学历教育的俄罗斯人有19239人。中国留学生分布在俄罗斯85个城市中的305所大学学习。① 据统计，目前中国和俄罗斯的年度双向留学生已超过10.4万人。俄罗斯开办了22所孔子学院和中文课堂。中国建立了22个俄语中心，作为合作研究彼此语言文化的重要平台，促进了俄文在中国和中文在俄罗斯的普及。中国俄语大赛、俄罗斯中文奥林匹克竞赛、"俄罗斯和中国的语言政策"国际文化论坛相继举行。全俄参加中文奥林匹克竞赛的中小学学生人数逐年增加。俄罗斯设立了中学生中文水平统一测试系统。2019年，俄罗斯联邦33个教学单位的182人通过了

---

① Полина Кузнецова, Число китайских студентов, обучающихся в российских вузах, растет год от года. Российская газета – Спецвыпуск №195 (7953) 02.09.2019.

汉语水平考试。①

中国与上合组织中的中亚、南亚国家的教育合作不断深入。中国与乌兹别克斯坦高校以"2+2"模式合作办学、互认学历。2019年在中国学习的乌兹别克斯坦留学生达到2000余人。同年，中乌两国在学龄前教育领域的合作有了重大突破，双方达成协议，中国将在乌兹别克斯坦投资幼儿园的建设和发展，开发和引进幼儿教师培训远程教育课程。目前在中国学习的哈萨克斯坦留学生近2万人，与10年前比较，增加了14倍。② 鉴于上合组织对成员国公民提供免费培训，中国政府对"一带一路"所涉及国家的教育补助金和奖学金数量逐年增加。目前已有来自巴基斯坦的2万多名留学生在中国高校和科研机构学习和工作。印度也位于来华留学生生源国的前十。

上合组织成员国在促进阿富汗和平进程方面做了大量工作。目前已有数百名阿富汗留学生在上合组织成员国高校学习。乌兹别克斯坦和阿富汗在阿姆河右岸乌阿接壤的铁尔梅兹市建立了"阿富汗公民培训教育中心"，截至2019年底，已有100名学员在该中心接受培训并获得相应学位。③ 根据阿富汗经济发展需求，中国与乌兹别克斯坦合作培训语言、能源、铁路运输和服务业等不同专业领域的专门人才。中乌两国合作计划将铁尔梅兹阿富汗培训中心学员

---

① Марина Боровская приняла участие в работе 20 - ого заседания Российско - Китайской комиссии по гуманитарному сотрудничеству. Министерство науки и высшего образования Российской Федерации. 16. 09. 2019.

② 李琪：《构建上海合作组织人文共同体的理论内涵与实践推进》，《陕西师范大学学报》（哲学社会科学版）2021年第2期。

③ Афганистан - стратегическая возможность для экономического развития Центральной Азии. uza. uz. 16. 07. 2019.

的数量增加到 400 人/学年；为阿富汗建设马扎里沙里夫—赫拉特铁路培训 3000 名技术工人，并在该中心合作培训阿富汗农业专家。

孔子学院为增进上合组织各国语言文化的相互沟通和理解发挥了桥梁作用。上合组织四个中亚成员国中有 12 所孔子学院。其中哈萨克斯坦 5 所，吉尔吉斯斯坦 3 所，乌兹别克斯坦 2 所，塔吉克斯坦 2 所。哈萨克斯坦塞富林农业技术大学建立了农业孔子学院。吉尔吉斯斯坦奥什国立大学孔子学院已成为正规本科院系，这为上合组织国家的合作办学提供了示范。在吉尔吉斯斯坦孔子学院和中文课堂就读的各类学员总数已突破 1.6 万人。乌兹别克斯坦有 1 万多名青少年通过孔子学院或孔子课堂等形式学习中文。截至 2019 年 12 月，塔吉克斯坦约有 6700 名公民在孔子学院学习汉语。① 教育合作进一步加深了上合组织各国对彼此教育模式和教育政策的认知和了解，拓展了上合组织人文交流合作的广度和深度。

科学技术合作为地区发展和应对公共危机提供解决方案。积极开展卫生应急、防疫保障、医药研发、医学教育、医疗服务、医务交流等领域的创新合作是上合组织成员国应对公共卫生危机的重要举措。近 20 年来，上合组织向各国派遣医疗专家组，配备医疗通信设施，建立咨询诊断中心；举办了"上合组织国家卫生保健领域信息技术的发展""上合组织国家传统医学：现状、前景和发展""上合组织国家劳动力市场医生和药剂师需求与流动性""上合组织国家医学中的纳米生物技术：纳米诊断学和纳米医学"等一系列医学交流论坛。

---

① Китайско-таджикистанское сотрудничество обсудили в Душанбе. Regnum. 02. 12. 2019.

2020 年全球新冠肺炎疫情大流行，对上合组织应对公共危机的治理能力和水平提出挑战。上合组织国家分布地区不同，各国经济实力、资金状况和科技水平参差不齐。在中亚地区，由于医疗资源欠缺、医学专家匮乏，40% 的人口难以得到医疗救助。① 上合组织及时启动了协调机制，提出加强生物科技合作和生物科技创新，联合开展疫苗研发，并在医疗卫生设备、医疗科学技术、医学防御经验和信息交流等方面进行资源整合。2020 年，防城港国际医学开放试验区集中签约、开工和竣工项目 18 个，总投资为 397.47 亿元人民币。2020 年 6 月 15 日，中国和乌兹别克斯坦传统医学中心在塔什干市启动运营。在中国抗击疫情的艰难时刻，俄罗斯和中亚国家积极向中国提供人道主义援助；在中亚国家疫情蔓延之时，中国提供多批次急需抗疫物资，派出中国抗疫医疗专家组奔赴中亚各国，分享诊疗经验，进行医疗救治。成员国风雨同舟、守望相助、共克时艰，为构建新型国际关系发挥了示范性作用。

农业科学技术的研发和服务是上合组织国家合作的重点方向。2019 年上合组织农业技术交流培训示范基地落地陕西杨凌农业高新技术产业示范区。截至 2019 年 6 月，杨凌示范区已经举办面向上合组织国家的农业技术研修班 20 多期，培训内容涉及农业经济管理、现代农业发展趋势、山羊和肉牛养殖、节水灌溉技术、水土保持、农业生产环境调控等多个领域，已累计为上合组织国家培训农业官员和技术人员 400 余名。农业技术的培训和农业技术设备的

---

① А. Б. Оспанова：Культурное и гуманитарное сотрудничество стран ШОС. Челябинск：Южно-Уральский государственный университет（национальный исследовательский университет）. 2017г., с. 24.

输出，扩大了上合组织人文交流的空间。"技术推广+市场需求"已成为上合组织国家科技交流的重要路径。当今时代，培育和构建科技创新载体、技术研发中心以促进科技成果的转化合作，提升科技孵化、技术开发、技术标准、工艺设计，大数据、人工智能、信息通信技术、5G 等领域合作的水平已成为上合组织国家科技合作新的增长点。

历史文化遗产的联合发掘保护推进了各国文化事业发展。在联合国教科文组织《世界遗产名录》记载的 1092 个世界遗址中，有 135 个（12.4%）遗址位于上合组织国家所在地区。在联合国教科文组织世界遗产委员会设立的科学考察和文物古迹保护与修复项目中，1/9 位于上合组织国家和地区。中国与哈萨克斯坦共同举办了丝绸展、艺术品展、博物馆互展等活动。中国与乌兹别克斯坦考古学家在费尔干纳盆地、撒马尔罕地区和苏尔汉河流域开展联合发掘和遗址保护的合作工作已持续近 10 年，成果斐然。两国历史博物馆举办了"从宛都到长安"的联合展览。中国、乌兹别克斯坦、塔吉克斯坦的联合考古卓有成效。2018 年，中国政府以无偿援助的形式向吉尔吉斯共和国拨款 4.5 亿元人民币，用于历史遗址的考古发掘和古迹遗址的研究和修复。中吉考古学专家首次对吉尔吉斯斯坦红河谷古迹进行了联合考古发掘和佛教寺院遗址的勘探。中哈吉三国联合申报的"丝绸之路：长安—天山廊道路网"已被列入世界文化遗产名录，成为首例跨国合作、成功申遗的项目，进一步强化了三国的传统友谊，增进了民众对这段文化交流史的认知和了解。

上合组织国家拥有丰富的人文景观和自然景观等旅游资源，大多数国家将旅游业作为经济发展优先领域。作为推进"一带一路"建设的重要举措，俄罗斯放宽了对中国公民的免签旅游规定。2015～2019 年，赴俄罗斯的中国游客每年增长约 20 万人，[①] 至 2019 年，有约 150 万名中国游客到访俄罗斯。乌兹别克斯坦共和国对中国游客实行电子签和简化签证手续。中国赴乌兹别克斯坦的游客逐年增加，2017 年为 2.2 万人次，2018 年为 3.4 万人次，2019 年 1～9 月为 3.3 万人次。从 2020 年 1 月 1 日起，乌兹别克斯坦对中国公民实施入境 7 日免签，这将进一步扩大游客量。[②] 一些跟进项目的签订促进了景区所在地的基础设施建设和服务环境的提档升级。"丝绸之路游""历史文化游""民俗风情游""养生健康游""生态游"等目标定位展现了良好的发展潜力和前景。

智库、媒体合作，艺术、体育互动，以及青年、妇女和民间组织论坛拓宽文明对话之路。上合组织框架内的人文合作领域逐年扩大，国家间文明对话不断加强，"民相知、国相交"日益深化。自 2016 年"上合组织——我们共同的家园"综合项目规划启动以来，每年一度的"上合马拉松"赛事已成功举办了四届。上合组织艺术节是展示各国优秀文化、增进各国传统友谊、促进各国民心相通的重要艺术平台。上合组织"一带一路"文化艺术交流合作国际学术研讨会已成功举办四届。2019 年，塔吉克斯坦文化节在北京、西安成功举办；中国歌剧院中文歌剧《玛纳斯》在吉尔吉斯斯坦上演；由 18 个国家 57 名合唱队员组成的"上合组织国家青年合唱

---

① 李琪：《构建上海合作组织人文共同体的理论内涵与实践推进》，《陕西师范大学学报》2021 年第 2 期。

② Сотрудничество Во Благо？О Развитии отношений Китая и Узбекистана. ia – centr. ru. 11. 10. 2019.

团"参加了在中国呼和浩特市举行的国际合唱周，共同唱响和平友谊之歌；由上合组织秘书处、乌兹别克斯坦驻华使馆、中国国际友好联络会联合举办的"乌兹别克斯坦共和国文化日——古丝路明珠巡礼"活动在北京举行。

上合组织电影节以"拉紧人文纽带"和"多样文明，同样精彩"为原则，推进电影合作的机制化建设、影片拍摄的艺术交流和人才培养。2018年首届上合组织国家电影节在中国青岛开幕。8个成员国和4个观察员国的23部参赛影片和55部参展电影与观众见面；中国与巴基斯坦宣布将合拍以中巴经济走廊国际贸易合作为题材的电影《天路》；中国与俄罗斯、哈萨克斯坦与白俄罗斯达成电影合作协议；"上合组织电影制作培训计划""上合组织电影人研修班计划"等应运而生。

上合组织各国的媒体交流日趋活跃，各类媒体协议的签署、各种媒体资源的交流、形式多样的媒体活动产生了广泛的社会影响力，在维护和提升自身国际话语权，塑造新型国际关系，推动国之交、民相亲方面发挥着举足轻重的作用。

上合组织框架下的智库论坛和国际会议吸引了各国学界、政界、业界和文化界的诸多精英共同研讨多元文明的交流融合。2018年，以"推动地区和平与合作，共建人类命运共同体：民间组织的使命"为主题的首届"上海合作组织人民论坛"在西安举行。

2018年，首届上合组织妇女论坛在北京举行。上合组织妇女论坛机制的建立表达了广大妇女的政治诉求，标志着妇女作为一个群体已经走上上海合作组织政治、经济和文明对话的舞台，对成员国妇女问题的解决和妇女社会政治地位的提高起到了巨大的推动作用。凝聚上合组织国家的女性力量，发挥"妇女半边天"的影响力，必将有助于地区的和平与发展。

青年是建设上合组织命运共同体的中坚力量，是各国友好交往事业薪火相传的承继者。各成员国积极主张和支持开展针对青年一代的理想信念教育工作。从上合组织青年委员会的建立到"上合组织青年交流中心"，从"上合组织青年交流营"到"上合组织青年论坛"，各国加强塑造新时代青年形象，传承"上海精神"，已形成多样化的机制创新。展现出青年一代为维护人类和平和推进各项事业发展的责任担当。

三 构建上海合作组织"人文共同体"
面临的挑战与应对

上合组织成员国在政治制度、经济类型、文化习俗、价值标准等方面存在的差异性，折射出"促进民心相通，构建人文共同体"的必要性和迫切性。"构建人文共同体"正是用以维持、规范上合组织成员国相互依存关系，维护共同利益，引领欧亚人民迈向更高目标"命运共同体"的活动载体之一。然而，由于内源性和外源性因素叠加，上合组织成员国之间及其社会民众层面在心理上的文化认同和文明对话仍显不足，在更好地展现合作者、共建者形象，进一步增强组织内部的凝聚力和向心力方面还存在一些障碍和问题。

其一，西方大国针对上合组织"特定的"成员国发动"信息战"① 和"争夺战"②，将人文交流政治化，它们不断调整区域性外交政策，试图疏离上合组织国家间的关系。

其二，上合组织成员国在许多方面与其他区域性国际组织有重叠，其中既有机遇对接，也面临竞争挑战。

其三，高等教育实力不均衡，上合组织大学成效不显著，人才培养合作机制的水平亟待提升。

其四，旅游业现状与发展需求不匹配，亟待强化基础设施建设，由景点数量扩张转向服务质量提升。

针对上述存在问题，上合组织在人文交流合作方面需要加强以下几点工作。

第一，加强媒体交流合作，弥补信息真空，营造客观真实的舆情环境，增进上合组织成员国之间的互通有无，在涉及国际关系重大问题和成员国核心利益等相关问题上，发出"上合组织之声"，提供"上合组织方案"。

第二，加强互联网建设，完善相关法律法规，保障网络安全流畅，确保上合组织成员国拥有学术研究、教育合作、信息交流、成果共享的便利通道。

第三，加强上合组织成员国之间的学术交流与合作，推进区域和国别研究，展开文明对话，消除隔阂和误解，促进民心相知、相近、相通和相融。

---

① Алексей Дружинин. "Интеграция цивилизаций". Как отношения внутри ШОС выглядят на фоне альянсов Запада〔EB/OL〕. РФ/ТАСС，2019-11-06.

② Ростислав Ищенко. Межу США и ШОС идёт война на выживание. Русское Агентство Новостей. 2018-09-15.

第四，加强青年交流，培育新生代开放、融通、互利、共赢的合作观，和平、平等、互鉴、对话、包容的文明观，为各国人民世代友好、共同发展进步注入持久动力。

第五，加强和完善"上合组织智库研讨机制"，搭建不同层级、更加多元的对话平台，进行综合性、整体性和前瞻性的分析研究和评估，集思广益、凝聚智慧，探索和创新合作模式，制定保障方案和长期战略，应对挑战，规避风险。

上海合作组织打造新兴经济体区域经济合作典范

刘华芹[*]

【内容提要】 本文从合作理念、合作模式及合作方式三个层面全面阐述了上合组织区域经济合作模式的特点，将"上海精神"视为上合组织合作的核心理念，聚焦发展议题使上合组织成为南南区域经济合作的示范。上合组织在合作动力、合作方向、合作领域及搭建合作平台方面均有诸多创新举措，这些特点使上合组织突破了以往区域经济合作的范式，成为南南合作即新兴经济体区域经济合作的典范。

【关 键 词】 上合组织 南南合作 创新模式

自 2001 年成立以来，上海合作组织（简称"上合组织"）走过了不平凡的发展道路，此间区域经济合作从无到有、从小到大，并在各方的共同努力下不断拓展全方位的合作，极大地增强了各国人民的福祉，为区域合作奠定了坚实的经济基础，也提升了该组织的国际影响力，使其成为新兴经济体合作的典范。从发展模式看，上合组织区域经济合作的成效主要体现在以下三个方面。

---

* 刘华芹，商务部国际贸易经济合作研究院研究员。

一 提出以"上海精神"为标志的新合作理念

区域经济合作成功与否的关键不仅在于各方经济的互补性、资金和技术的相互依赖性,更取决于各方能否就合作达成共识,形成共同合作的理念,并以相同的理念引领合作。上合组织成立之初签署的《上海合作组织宪章》明确提出了"上海精神",即"互信、互利、平等、协商、尊重多样文明、谋求共同发展",在国际合作中平等合作、谋求共同发展的理念成为上合组织合作的灵魂和指引,成为全球治理改革的创新点。2015 年 10 月 12 日,中共中央政治局就全球治理格局和全球治理体制举行了第二十七次集体学习,习近平总书记强调,要推动全球治理体制向着更加公正合理的方向发展,为中国发展和世界和平创造更加有利的条件。[①] "上海精神"即为成功案例之一。"上海精神"将中国传统文化中的"和谐"思想转化为尊重各国的文明与文化、各国平等协商实现共同发展的理念,这种理念扭转了国际合作中大国高高在上,发号施令,小国只能俯首帖耳的局面,使成员国确实感受到大小国平等,共同参与区域合作的决策与执行,这也是对全球治理模式的创新,对未来中国提出国际合作以及国际治理的新理念具有重要借鉴意义。

---

① 《积极有为,推进全球治理体制变革——解读习近平在中共中央政治局第二十七次集体学习时的讲话》,新华网,2015 年 10 月 14 日。

二　打造了南南合作的成功模式

纵观世界区域经济合作发展史，较为成功的合作模式主要有两类，即发达经济体之间的合作及发达经济体与发展中经济体之间的合作，后者又称为南北合作。发达经济体之间的合作以欧盟为代表，实行了高度一体化的区域经济合作模式。发达经济体与发展中经济体之间较为成功的合作模式有 2018 年底正式生效的《全面与进步跨太平洋伙伴关系协定》（CPTPP）和 2020 年 11 月签署的《区域全面经济伙伴关系协定》（RCEP）。迄今以新兴经济体或发展中国家为主体的区域经济合作成效并不突出，在此上合组织实现了突破。

（一）共同富裕的合作模式

区域经济合作成功与否的重要标志是看其能否增进人民的福祉。根据世界银行的统计，在上合组织首次扩员之前，2017 年中国、俄罗斯、哈萨克斯坦、吉尔吉斯斯坦、塔吉克斯坦和乌兹别克斯坦六个成员国的人均 GDP 较 2001 年分别增长了 7 倍、4 倍、5倍、3 倍、4 倍和 3 倍，均高于同期世界人均 GDP 2 倍的平均增速。按照世界银行 2016 年的标准，低收入国家人均 GDP 在 1045 美元以下；中低收入国家人均 GDP 为 1045～4125 美元；中高收入国家人均 GDP 为 4126～12735 美元；高收入国家人均 GDP 为 12736 美元以上。[①] 中国、俄罗斯和哈萨克斯坦三国已由中低收入国家进入

---

① 《中国成为中等偏高收入国家　专家称世界银行划分标准比较低》，网易新闻，http：//forex. cngold. com. cn/20161024d11024n93407974. html，访问时间：2021 年 2 月 19 日。

中高收入国家行列，而吉尔吉斯斯坦和乌兹别克斯坦则由低收入国家进入中低收入国家行列，这使上合组织的国际影响力和吸引力显著增强。

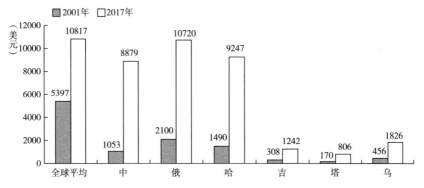

图1 2001年和2017年上合组织成员国人均GDP对比

资料来源：World Bank：世界发展指标 https：//databank.worldbank.org/source/world-development-indicators/，GDP（current US＄）/ GDP per capita，（current US＄），2020/10/15。

（二）聚焦发展的合作模式

发展议题是联合国在2015年确定的至2030年可持续发展目标，包括消除贫困、消除饥饿、良好健康与福祉、优质教育、廉价和清洁能源、创新和基础设施、可持续城市和社区等，这些目标与发展中经济体密切相关。但迄今，发达经济体之间以及南北合作均基于高水平贸易投资规则的制度安排，近年签署的各类贸易投资自由化和便利化协定逐渐加入了发展议题，但所涉及领域不多，程度不深，亦不具有强制性，只是起到了锦上添花的作用。

在推进区域经济合作过程中上合组织另辟蹊径，以发展议题引领合作，以基础设施互联互通、能力建设、能源、减贫、包容性金融、农业等为合作重点，聚焦改善成员国的发展条件和环境，在各领域取得较大突破，促进了各国经济增长。

1.区域基础设施水平大幅提高

得益于中方提出的共建"一带一路"国际合作倡议，各国大力推动基础设施互联互通，实施了一批重大基础设施建设项目。2018年，中吉乌国际公路、中哈"双西公路"正式通车，为推动区域国际道路运输便利化提供了基础保障。此外，中方承建的吉尔吉斯斯坦南北电力主干线改造工程以及塔吉克斯坦的电网建设项目相继竣工，极大地推进了两国经济发展和改善了百姓的生活条件。乌兹别克斯坦的第一条铁路隧道——"安格连—帕普"铁路卡姆奇克隧道正式通车运营，彻底改变了乌兹别克斯坦居民出行难的状况，提升了居民的幸福指数。近10年来，上合组织区域内的基础设施水平得到显著提升（见表1）。

表1 上合组织部分成员国基础设施指标的世界排名

单位：名次

国别	2011年	2019年
中国	69	36
俄罗斯	100	50
哈萨克斯坦	85	67
吉尔吉斯斯坦	116	103
塔吉克斯坦	140	91

资料来源：World Economic Forum：The Global Competitiveness Report 2011-2012, The Global Competitiveness Report 2019, http://www3.weforum.org/docs/GCR2019/05FullReport/TheGlobal CompetitivenessReport2019.pdf。

表1显示，根据世界经济论坛发布的全球竞争力报告，2011年在全球142个经济体"基础设施"指标排名中上合组织部分成员国位于中下水平，甚至较低水平，其中三个国家排名位于100位之后，但是2019年这几个国家在全球"基础设施"指标的排名均明显上升，其中中国、俄罗斯和哈萨克斯坦已达到中高水平。虽然吉尔吉斯斯坦的排名仍位于100名之后，但较2011年也提升了13位，合作成效显而易见。

2. 区域能力建设明显改善

加强能力建设一直是上合组织区域经济合作的重要方向之一。据中国商务部统计，截至2016年6月，中方在援外经费项下为成员国培训各类人员6513名①，培训领域涉及党政、公共管理、经贸、外交、农林牧渔业、交通、教育、医疗卫生、文化、能源矿产等。截至2019年底，杨凌示范区累计为成员国培训农业官员和技术人员400余名。② 疫情期间，杨凌示范区首次开展面向乌兹别克斯坦、巴基斯坦、伊朗、柬埔寨、斯里兰卡等19个国家和地区百余名学员的远程培训。2018年6月，习近平主席在上合组织青岛峰会上承诺，未来3年为各方培训2000名执法人员，以强化执法能力建设。2020年11月10日，习近平主席在上合组织成员国元首理事会第二十次会议上宣布，未来3年为各方提供600名青年交流的名额，为扩大本组织的教育交流与服务提供了新机遇。

---

① 商务部：《商务部部长就深化上合组织区域经济合作等问题接受采访》，中华人民共和国中央政府网站，http://www.gov.cn/xinwen/2016-06/25/content_5085426.htm，访问日期：2021年2月18日。

② 程刚、郑斌、杨耀军：《杨凌示范区加快建设上海合作组织农业技术交流培训示范基地》，《陕西日报》2019年6月17日。

3. 农业成为新的合作增长点

近年来，中方大力推动上合组织各国农产品的市场准入，扩大了自俄罗斯进口冷冻禽肉、乳品、大麦、饲料；自哈萨克斯坦进口玉米、大麦、亚麻籽；自乌兹别克斯坦进口绿豆、樱桃、甜瓜和蜂蜜；自吉尔吉斯斯坦进口蜂蜜和樱桃；自塔吉克斯坦进口樱桃和柠檬等。据中国海关统计，2020年中俄农产品贸易额达到55.5亿美元，创历史新高，其中中方进口40.9亿美元，同比增长13.7%，中国跃升为俄农产品和肉类产品第一大出口市场。① 2019～2020年度，哈萨克斯坦计划对华出口粮食和面粉50万吨，同比增长47.23%②，农产品贸易不仅丰富了区域贸易商品结构，而且提升了各国人民的生活质量，使百姓从区域经济合作中体会到更多获得感。

上述措施为各国经济发展创造了新条件，极大地带动了各国经济发展。图2显示，2017年，以上合组织扩员之年为界，成员国的GDP总和达到14.1万亿美元，较2001年的1.7万亿美元增长了7.3倍，而同期全球经济规模增长2.4倍，该区域经济增速相当于全球的3倍，成为世界经济增长较为活跃的区域之一。上合组织以"发展"引领合作，取得了令人瞩目的成效，打造了新兴经济体区域经济合作的新模式。

---

① 商务部：《商务部召开例行新闻发布会》，http：//www.mofcom.gov.cn/xwfbh/20210128.shtml，访问日期：2021年2月18日。

② 中国驻哈萨克斯坦经商参处：《哈萨克斯坦计划本年度对华出口粮食50万吨》，http：//kz.mofcom.gov.cn/article/jmxw/202011/20201103014373.shtml，访问日期：2021年2月20日。

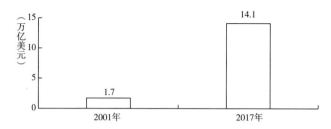

图 2　2001 年和 2017 年上合组织成员国 GDP 比较

资料来源：《世界银行》，《世界发展指标》，https：//databank. worldbank. org/
source/world-development-indicators/，2020/10/15。

三　创新合作方式

上合组织在区域经济合作中不断探索各方所能接受的合作方
式，打造了一系列新亮点。

（一）三大支柱形成合作动力

上合组织起源于地区安全合作，后延展至经贸合作与人文交
流，进而形成了政治安全、经贸合作与人文交流三大合作支柱，其
中政治安全合作为上合组织各国提供了合作前提，经贸合作为上合
组织各国奠定了合作的物质基础，人文交流构成合作的纽带，三大
支柱互为条件，相互协调，共同推动区域合作不断深化，这也成为
迄今上合组织较为成功的合作模式，为其他区域合作提供了示范。

（二）从贸易投资便利化起步逐渐深化合作

相对于区域经济合作一般从贸易自由化入手的模式，上合组织
根据自身的情况以及成员国的经济发展水平，选择贸易投资便利化

作为合作方向。2001 年本组织成立伊始，六国签署了首份区域经济合作文件，即《上海合作组织成员国政府间关于区域经济合作的基本目标和方向及启动贸易和投资便利化进程的备忘录》，将贸易投资便利化确定为区域经济合作的发展方向。2003 年 9 月，六国签署了区域经济合作的第一份纲领性文件《上海合作组织成员国多边经贸合作纲要》，明确了 2020 年前"三步走"的发展目标，短期内积极推动贸易投资便利化进程。鉴于内陆国家基础设施比较落后，便利化水平低，实施贸易投资便利化成为紧迫任务。为此，成员国成立了贸易便利化工作组、投资促进工作组、电子商务工作组、过境潜力工作组和海关合作工作组等，采取各种措施全方位推进区域贸易便利化进程。经过各方的共同努力，至 2019 年，区域贸易便利化状况得到显著改善。据世界银行统计，营商环境中反映贸易便利化的指标是"跨境贸易"指数。表 2 显示，2007 年，本组织部分成员国的"跨境贸易"指数在世界 175 个经济体排名中居于末位。2019 年在全球 195 个经济体排名中部分成员国的"跨境贸易"指数排名已升至中等或中上水平，合作成效令人瞩目。

表 2　上合组织部分成员国跨境贸易指标的世界排名

单位：名次

国别	2007 年/175	2019 年/195
俄罗斯	143	99
哈萨克斯坦	172	102
吉尔吉斯斯坦	173	70
塔吉克斯坦	163	148
乌兹别克斯坦	169	165

资料来源：World Bank Group: Doing business 2007, A World Bank Group Flagship Report, September 05, 2006, pp. 121, 123, 137, 145, 150; Doing Business 2019, October 31, 2018, p.180, 182, 198, 208, 213。

（三）以投资带动区域经济发展

上合组织成员国均属于新兴经济体国家，吸引投资成为各方的共同诉求，在合作之初选择了各方共同受益的网络型建设项目作为合作重点，率先推进合作。

1. 区域能源运输网络基本建成

20 年间，成员国在区域能源网络建设方面实施了一系列大项目。建成了中国—中亚天然气管道，全长约 1 万公里，30 年运营期内，每年从中亚地区向中国输送约 300 亿立方米的天然气。中俄东线天然气管道，全长约 6371 公里，30 年合同期内输送天然气将达到 380 亿立方米/年。中方参与俄罗斯亚马尔液化天然气项目建设，中石油持股 20%、丝路基金持股 9.9%，项目总价值 270 亿美元。截至 2019 年底，中哈原油管道累计输送原油超 1.3 亿吨，[①] 中俄原油管线一线输油量已突破亿吨，二线工程已正式投入运营。截至 2020 年 6 月底，中国—中亚天然气管道已累计输送天然气 3160 亿立方米[②]，中俄东线天然气管道已投产通气，最终将达每年输送 380 亿立方米，累计供气 30 年。截至 2019 年 12 月底，中俄两国共同建设的第一条跨境输电线路累计输电量突破 300 亿千瓦时，[③] 为中方边境地区提供了清洁能源并带动了经济发展。能源合作实现了

---

① 顾煜：《2019 年中哈原油管道向国内输送原油超 1088 万吨》，http://www.gov.cn/xinwen/2020-01/09/content_5467890.htm，访问日期：2021 年 1 月 19 日。

② 顾煜、杜刚：《中亚天然气管道上半年向中国输气超 190 亿立方米》，中华人民共和国中央政府网站，http://www.gov.cn/xinwen/2020-07/30/content_5531272.htm，访问日期：2021 年 2 月 18 日。

③ 王鹏宇：《中俄电力累计交易电量超 300 亿千瓦时》，中国电力新闻网，http://www.cpnn.com.cn/zdyw/201912/t20191225_1181473.html，访问日期：2021 年 2 月 19 日。

优势互补，互利共赢。

2.区域交通运输网络初具规模

以中欧班列为代表的区域铁路运输呈现快速发展态势。据中方统计，在疫情背景下，2020 年中欧班列累计开行 12400 列，再创历史新高，同比增长 50%。[①] 上合组织成员国大多位于中欧班列沿线，以此保证了疫情期间各国进出口贸易的正常运行，各国还增加了跨境运输服务的额外收益，成为最大的受益者。

迄今，中国新疆与周边五个国家开通了 111 条国际道路运输线，[②] 为发展区域跨境公路运输提供了基础设施保障。疫情背景下中国已全境开放 TIR 运输，延伸至境外 27 个国家。TIR 创新了中欧班列"中吉乌"公铁联运新模式，自兰州—喀什—伊尔克什坦（中吉边境口岸）—奥什（吉尔吉斯斯坦）至塔什干（乌兹别克斯坦），全程运输仅为 7~10 天，较此前节约 5 天时间，为落实《上海合作组织成员国政府间国际道路运输便利化协定》做出示范。

（四）探索多领域合作方式

为了有效推进区域经济合作，上合组织相继建立了一系列民间机构，包括银联体、实业家委员会、上合组织大学、经济智库联盟等，为区域经济合作提供全方位支撑，其中第三方市场合作以及地方合作成为上合组织的创新点。

1.资源换贷款的金融创新模式

2015 年，为了解决中吉乌公路吉尔吉斯斯坦境内 50 公里道路

---

① 货之家：《2020 年中欧班列累计开行 1.24 万列，数量同比增长 50%》，https：//www.163.com/dy/article/G07EQGU4053814UB.html，访问日期：2021 年 2 月 18 日。

② 马婷：《中吉乌三国实现全程运输》，《乌鲁木齐晚报》2017 年 11 月 1 日。

修复的融资问题，中吉双方采用了政府主导、中国国家开发银行牵头、企业自主实施的方式，以吉尔吉斯斯坦金矿做抵押换取贷款，国开行提供了5440万美元的贷款①，使项目顺利实施，成为具有示范效应的创新融资模式。

2. 第三方市场合作模式

第三方市场合作是指中国企业与有关国家企业共同在第三方市场开展经济合作。2020年底，乌兹别克斯坦纳沃伊氮肥股份公司"合成氨和尿素生产"项目正式竣工，该项目由日本三菱重工和三菱商事联合体为总包商，中国化学工程第七建设有限公司分包承建。项目总金额9.857亿美元，其中5.77亿美元由日本银行和金融机构提供融资，3.2亿美元由乌复兴发展基金提供，8870万美元为中方企业自筹，中、日、乌三方形成利益共享、风险共担的多方融资新模式，开创了中方在上合组织国家第三方市场合作的新模式。

3. 搭建地方经贸合作新平台

为了推进地方合作，中方相继在新疆霍尔果斯口岸建设了中国首个跨境经济合作区——中哈霍尔果斯国际边境合作中心；在陕西省杨凌市建立了上合组织农业技术交流培训示范基地，这是首个成员国协商一致的多边经贸合作平台；在山东省青岛市筹建中国—上海合作组织地方经贸合作示范区，建设国际物流中心、现代贸易中心、双向投资合作中心、商旅文化交流中心和海洋合作中心；在广西壮族自治区防城港市建设中印医药产业园；在上海建设中国—上

---

① 国家开发银行：《"资源换项目"合作促发展》，《上海城市发展》2011年第3期。

海合作组织司法交流合作培训基地。此外，还将在重庆举办中国—上海合作组织数字经济产业论坛等，这些基地或论坛将为上合组织各国地方之间的合作搭建桥梁，助力上合组织区域经济合作转型升级。

综上所述，上合组织以"上海精神"为核心的新合作理念，以共同富裕、聚焦发展的合作模式及多领域的创新方式，打造了新兴经济体区域经济合作共赢的新型关系，也为新兴经济体的合作提供了良好示范。

上海合作组织在中亚国家数字化转型进程中的作用

沙夫卡特·阿利姆别科夫[*]

【内容提要】 在新冠肺炎疫情全球大流行背景下，数字技术的力量得以彰显，并凸显了数字转型的重要性，特别是对中亚国家而言。数字化转型有利于促进发展中国家国民经济的现代化并帮助其融入全球经济，克服主要的限制性因素，保障数字化现代化的实现，并可在疫后恢复期建立起一个提升民生福祉的信息社会。在此背景下，中亚国家计划提高其数字潜力并进行政策改革，以应对当前和未来的挑战。本文对中亚国家的数字化政策、这些国家为应对疫情采取的数字化措施以及上海合作组织（以下简称"上合组织"）在中亚国家数字化转型进程中的作用进行了探讨；总结中亚地区发展数字化的限制性因素和挑战，并就促进中亚国家数字转型提出相关政策建议。

【关 键 词】 数字化　数字转型　上合组织　新冠肺炎疫情电子政务

---

* 沙夫卡特·阿利姆别科夫，乌兹别克斯坦发展战略中心首席专家。译者白娜，中国社会科学院中俄战略协作高端合作智库项目官员。

绪　论

新冠肺炎（COVID-19）疫情一夜之间改变了全球各地现实的日常生活，也导致许多国家关闭国境，大多数企业临时停业，一个又一个行业被迫停摆，员工远程上班，学校转向远程教育。疫情彰显了数字技术的力量，并凸显了数字转型的重要性，特别是对中亚国家而言。的确，在新冠肺炎疫情大流行的背景下，数字基础设施、技术和服务对保障政府、企业和社会的持续运转至关重要。除确保连续性和联通性外，数字化还为更可持续和包容性的经济转型奠定了基础（Tang & Begazo，2020）。因此，包括发达国家和发展中国家在内的大多数国家都在优化其数字化和数字转型政策，以应对挑战，并力争尽快从疫情的负面影响中恢复过来。

当下正是思考新冠肺炎疫情给数字化带来的益处和挑战、同其他国家对比实践经验、重新审视乌兹别克斯坦在数字化进程中所处的位置，以及中亚国家的政府、企业和社会应如何拓展数字技术的应用和实现数字化转型的良好时机（WHO & UNDP，2020）。

学界认为，"数字化转型既包括注重效率的数字化进程，也包括注重运用数字技术赋能现有实物产品的数字创新"（Berghaus & Back，2016）。除此之外，数字化转型还加速了当下"商业活动、流程、能力和模式的更新，必须以更具战略性和更优先的方式充分利用数字技术提供的变化和机遇及其对社会的影响"（Demirkan，Spohrer & Welser，2016）。

2020年7月17日，上海合作组织秘书长弗拉基米尔·诺罗夫在

"疫情条件下上合组织框架内数字经济和电子商务发展"视频会议上的讲话中指出,上合组织各成员国遇到的疫情威胁也是整个国际社会面临的严重挑战,新冠病毒威胁着人类的生命和健康,对各国的经济和社会发展产生了十分不利的影响。秘书长说:"疫情已经清楚地表明,数字化和信息通信技术对于整个经济和社会的持续运行至关重要。当今世界正处在前所未有的,甚至可以说是革命性的技术变革边缘。未来属于那些能够有效利用信息技术巨大潜力的人。"①

自 2020 年 3 月中旬开始,一些中亚国家开始出现新冠肺炎的确诊病例,随后疫情开始对社会和国家日常生活的各个方面产生不利影响。显然,不仅是中亚地区,就连世界上最发达的国家也没有为全球性疫情带来的挑战做好准备。事实上,疫情除了造成社会和经济上的困境之外,还暴露了大多数国家卫生系统、社保政策和政府其他部门存在的严重问题。不过幸运的是,与其他地区相比,新冠病毒在中亚地区的传播程度相对较轻(Gleason & Gussarova,2020)。

但与此同时,中亚各国应对疫情的政策却截然不同。例如,乌兹别克斯坦和哈萨克斯坦迅速对危机做出了响应,采取了严格的措施限制人员流动;吉尔吉斯斯坦和塔吉克斯坦意识到了疫情形势的严峻,但反应迟缓。而根据政府官方统计和世界卫生组织的数据,土库曼斯坦尚未报告任何新冠肺炎确诊病例(OECD.,2020)。

---

① Генеральный секретарь ШОС В. Норов (2020, Июль 18), выступая перед участниками на видеоконференции «Развитие цифровой экономики и электронной коммерции в рамках ШОС в условиях пандемии COVID-19», отметил., http://rus.sectsco.org/news/20200718/664204.html.

一 研究目标和任务

总体而言，早在 21 世纪初，中亚国家就把数字化和发展信息通信技术（ICT）确立为发展国民经济和社会现代化的重点方向。例如，乌兹别克斯坦制定了《2013～2020 年国家信息和通信系统发展综合规划》、《2017～2021 年乌兹别克斯坦五大优先领域发展实施方略》和不久前才发布的《数字乌兹别克斯坦 2030 战略》等，确定了在国民经济、工业和社会整体层面实施数字化转型的国家项目。

同时，有必要按照总统米尔济约耶夫的提议，运用国外最佳实践、国际援助和发展方案，通过数字化转型来确保乌兹别克斯坦正在经济、金融、税收政策和公共管理领域实施的各种方案和改革的有效性。实际上，所有中亚国家在实施国家数字化战略方面都面临着非常相似的问题和障碍。

鉴此，本文的主要目标是对中亚国家数字化进程现状及疫情影响下各国数字化转型战略进行比较分析——因为疫情揭示了该领域的某些脆弱性和它所面临的挑战。本文还将为促进后疫情时代中亚国家的数字化转型和信息通信技术战略的实施提出一些对策性建议，并分析上合组织在中亚国家经济数字化转型方面的合作前景。

二　研究方案及方法

本文采用定性研究和量化研究相结合的混合研究方法。

在定性研究方面，本文参考了专著、期刊文章、学术论文，以及国家法律、演讲材料、官方声明、政府部门和国际上的出版物等文献。

在量化研究中，为了评估中亚国家当前的数字化程度，本文对这些国家的数字化转型战略进行了对比分析。此外，为评估中亚国家在数字化转型过程中的潜力和前景，本文采用了最新的《联合国电子政务调查报告》中发布的大型面板数据集，其中包括电子政务发展指数（E-Government Development Index）、电信基础设施指数（Telecommunications Infrastructure Index）和电子参与指数（E-Participation Index）等。

三　上合组织成员国在信息化、数字经济和电子商务领域的合作

上合组织是一个区域性国际组织，下设成员国元首理事会（最高决策机构）、政府首脑理事会、外长会议和成员国国家协调员理事会，定期举行部委和各部门领导人会议，并有常设的地区反恐怖机构（RATS）和秘书处（行政机构）。上述机构定期举行的年度会晤使得成员国能够在同一平台上提出各自的倡议和建议，并就相互合作的热点问题发表共同声明。

上合组织目前共有八个成员国：印度、哈萨克斯坦、中国、吉尔吉斯斯坦、巴基斯坦、俄罗斯、塔吉克斯坦和乌兹别克斯坦；四个观察员国：阿富汗、白俄罗斯、伊朗和蒙古国；六个对话伙伴国：阿塞拜疆、亚美尼亚、柬埔寨、尼泊尔、土耳其和斯里兰卡。沙特阿拉伯于2018年10月递交了成为上合组织对话伙伴国地位的申请；此前孟加拉国、叙利亚、埃及、以色列、马尔代夫、乌克兰、伊拉克、越南、巴林、卡塔尔等国也曾表达过加入上合组织的意向。

值得一提的是，在2019年6月14日召开的上合组织成员国元首理事会会议上签署了《上海合作组织成员国元首理事会比什凯克宣言》。在会议通过的《上海合作组织成员国关于数字化和信息通信技术领域合作的构想》（以下简称《构想》）中明确了其实施领域，即信息安全、信息安全技术、数字化、电信技术、电子政务、智慧城市等。[①]《构想》也明确了发展和深化互利合作的重要性，并提出上合组织成员国将共享信息和通信技术领域包括数字经济领域的知识、信息和先进实践经验等，以促进成员国经济和社会发展。此外还将通过引入创新和现代信息通信技术等方式提升成员国的全球竞争力，促进所有成员国国民经济的数字化转型。

然而，尽管采取了诸多举措和方案，新冠肺炎疫情依然演变成了一场重大的全球危机。上合组织和其他国家必须为全球经济已经发生的重大变化和带来的严峻挑战做好准备，必须在各个经济领域

---

① Концепция по сотрудничеству государств - членов ШОС в сфере цифровизации и информационно-коммуникационных технологий, 2019 июнь 14, http://rus.sectsco.org/news/20190614/550898.html.

实施变革，特别是在与数字技术、电子商务和其他高科技领域相关的部门。

值得说明的是，疫情期间，极大部分商业活动及最重要的国家公共服务和教育工作高效迅速地转为线上模式，这充分证明信息技术部门具有非常强大的技术和人力资源潜力。此外，网络平台的重要性也在日益提升，它不仅加快了服务业的全面数字化进程，而且创造了大量新型商业模式的工作岗位，为稳定就业提供了新的动力。

根据联合国贸发会议专家提供的数据，全球数字贸易市场规模已达到 29 万亿美元。① 同时网购用户的数量也在增加。

在当前阶段，国际电子商务的发展运行与互联网用户的数量密切相关。目前全球共有 20 亿网购用户。据估计，当前数字贸易约占世界贸易总额的 20%，预计到 2025 年将增至 25%。②

2020 年 11 月 10 日，上合组织成员国元首理事会第二十次会议以视频方式举行。在会上，成员国元首聚焦抗击新冠肺炎疫情问题，并审议了《关于共同抗击疫情和克服其对经济影响的综合计划》。会议指出，上合组织成员国比其他国家更好地克服了疫情的影响。如果 2020 年世界经济的平均下降幅度为 4.4%，那么上合组织成员国经济的平均下降幅度只为 3.2%。此外，乌兹别克斯坦总统沙夫卡特·米尔济约耶夫还在理事会的讲话中提出了一些重要倡议。③ 米尔

---

① Глобальный рынок цифровой торговли, согласно данным экспертов ЮНКТАД, https://news.un.org/ru/story/2019/03/1352071.

② Видеоконференция, *Развитие цифровой экономики и электронной коммерции в рамках ШОС в условиях COVID-19*, http://rus.sectsco.org/news/20200718/664204.html.

③ Инициативы для ШОС, Экономическое обозрение (№11-250, 2020), *Президент Узбекистана Шавкат Мирзиёев в ходе своего выступления на саммите выдвинул ряд ключевых инициатив*, https://review.uz/post/iniciativ-dlya-shos.

济约耶夫总统认为，虽然有很多其他非常重要的倡议，但在当代条件下上合组织最紧迫的任务首先是加强经济领域的合作。"我们的主要目标是恢复贸易和经济联系以及工业合作。我确信，实现这一目标最有效的途径是落实联合反危机项目。该项目规定，成员国之间要互相消除贸易壁垒；简化海关程序，使其具有协调性，并实现数字化；发展成员国之间的电子商务；鼓励相互投资。"其次，因疫情而加速进行的数字化转型也非常重要。总统还提议制订上合组织数字扫盲计划，为民众提供教学服务，并在统一课程大纲的基础上培养相关领域专家。

四　疫情期间中亚国家的远程教育

由于疫情给中亚国家的教育系统带来了严重冲击，各国根据自身信息技术水平，纷纷将中小学和高等教育的部分课程转为通过互联网和国家平台进行的远程教育。此外，大多数中亚国家还为中学生播放了电视课程。

哈萨克斯坦在《2011～2020年国家教育发展纲要》框架下开发了国家"在线学习系统"。该系统旨在通过提供信息和通信技术、互联网连接和平等接入机会的方式在哈萨克斯坦中小学中引入远程教学平台。"然而，这个在线学习系统从未投入使用，而为该项目投入的约8400万美元资金也被浪费了。事实上，新冠肺炎疫情不仅表明该国在教育环境数字化方面准备不足，也暴露出了在线学习系统方面存在的空白。另外，这些困难还与哈萨克斯坦缺乏国家信息技术平台以及数字教育基础极其薄弱、软件支持极不到位有

关。"（Saurambayeva，2020）

塔吉克斯坦也不得不在实行隔离制度期间继续其教育活动，由于信息和通信技术基础设施欠发达，该国只能通过电视来保证教学进程。然而，教师们在组织在线工作、创建和启动在线课程，以及调整课程以适应远程学习等问题上还是克服了许多困难。在疫情流行之前，塔吉克斯坦已经在发展数字电视，并丰富了国语电子和交互式学习材料，提高了国民的数字技术素养，但这些都不足以让国家应对意料之外的挑战。塔吉克斯坦曾拥有许多机会，但没能对其加以有效利用，因此该国可能会再次面临数字化领域的严峻挑战（Tursunzoda，2020）。

自从新冠肺炎疫情蔓延到乌兹别克斯坦，且该国开始实施隔离措施以来，乌兹别克斯坦公共教育部与国家广播电视公司一起成功地为中学生开展了"在线课堂"。2019/2020学年第四学期，200多名教师共组织录制了3900节在线课程，并在国家电视频道播出。这一及时的应对和史无前例的在隔离期间向全国610万名中学生提供远程教育的计划，得到了世界银行、联合国教科文组织、联合国儿童基金会等国际组织和国际观察员的高度赞赏和认可。

自2020年6月15日起，乌兹别克斯坦公共教育部还组织在国家电视频道和互联网上为在校生和准备参加国内高等教育机构入学考试的学生播放"在线课程"。

除此之外，在"科技、教育和数字经济发展年"的国家项目框架下，乌兹别克斯坦为公立教育系统内的6064所中学铺设了长度为7030千米的光纤通信电缆。因此到新学年开始时，全国60%以上的普通教育学校连接上了高速互联网。同时，国家还为2895

个学前教育机构（幼儿园）接入了互联网。到2021年底，政府还计划在国内几个城市成立配备带有韩国和新加坡创新技术模式的学前教育机构。此外，在疫情期间，"为确保中学生和学龄前儿童能在家顺利学习，所有运营商均为他们免费接入教育、信息网站和官方信息门户网站"（Uzdaily，2020）。

总体而言，由于新冠肺炎疫情的蔓延，乌兹别克斯坦国内各个阶段的教育系统均已引入远程技术，并为1万多个教育机构的700多万名学生和50万余名中专、中学和大学的在校生组织了在线课程，还为2019/2020学年毕业生颁发了国家证书和电子学历证明。

除此之外，乌兹别克斯坦还启动了"百万乌兹别克程序员"项目，该项目旨在向中学、学术高中、职业学院和高校学生传授编程基础知识。

自2020年8月15日开始，为应对新冠肺炎疫情全球大流行而实施的严格防疫措施在乌兹别克斯坦逐渐放宽，人们开始习惯了疫情条件下的生活和工作。

疫情之下，乌兹别克斯坦高校的2020/2021新学年也由远程教育启动。多数院校通过Moodle平台提供远程教育。

与国家整体教育系统相比，高等教育机构的信息和通信技术保障水平相对较高。事实上，在疫情流行之前，乌兹别克斯坦多数高等院校便已或多或少地做好了提供远程教学的准备。Moodle系统建立在高校平台基础之上，其中含有各类学科的电子资源。然而，尽管几年前国家就引入了该系统，但从未在实践中应用过，也未在教师和学生中广泛推广使用过。很自然，乌兹别克斯坦也是首次遇到与紧急进行远程教育相关的问题和困难。

具体而言，出现了以下问题：网速低、缺乏网络接口；教师和学生的数字素养水平有限；现有平台存在技术问题和一些学生缺乏远程学习的技术手段等。

需要指出的是，世界上许多国家遇到了同样的问题。乌兹别克斯坦同大多数国家一样，迅速适应了新的条件，在短时间内做出了积极应对，并且在高校信息化和教学领域引入现代信息通信技术方面取得了一系列成就：高等教育系统的技术更新和数字化进程加快，教师和学生在远程教学和使用数字教学平台方面的知识和技能也得到了扩充和提升。

可以说，疫情的全球大流行在某种程度上是对乌兹别克斯坦各级教育系统适应新技术能力的考验。目前乌兹别克斯坦国家教育系统的所有机构均已掌握了远程教学和在各种平台上进行视频教学的能力。

新冠肺炎疫情背景下的教育情况表明，进一步发展远程教育、在国家各级教育系统中完善 Moodle 等远程教育平台，并用便利、对用户更为友好的功能来优化这些平台非常重要。这也会提升现有能力并扩大在教育进程中广泛运用信息和通信技术的需求，促使国家教育系统进入领先国家行列。

五　中亚国家应对疫情的数字化举措

为缓解疫情带来的影响、有效应对此次卫生危机，许多国家启动了各种网络工具和在线平台，例如，COVID-19 信息门户网站提供医疗设施和用品的在线服务，并进行虚拟和远程医疗就诊等。

此外，一些国家还迅速引入了监测 COVID-19 和远程工作、学习以及自我诊断的应用软件。针对 COVID-19 的全球数字应对措施分为信息共享、在线参与、电子医疗、电子商务、接触者追踪、社交隔离和病毒追踪、居家工作和学习、数字政策和伙伴关系等领域，这些领域因各国的数字和技术水平不同而异（UN DESA，2020）。

中亚国家在采取普遍性的卫生和经济措施的同时，也加快了数字化进程，以丰富应对危机手段，减轻疫情带来的影响。

经合组织关于中亚的最新报告显示，哈萨克斯坦、吉尔吉斯斯坦和乌兹别克斯坦加强了数字化举措，而塔吉克斯坦和土库曼斯坦则囿于某些因素选择了暂时不推进数字化措施。例如，吉尔吉斯斯坦继续落实数字构想，并通过 Tunduk 倡议将 80 余项公共服务转移到了网上。乌兹别克斯坦则依据"单一窗口"原则加速了电商和其他电子服务的发展；乌兹别克斯坦政府还开设了一个呼叫中心，帮助贸易商解决问题，并利用这一时机扩大海关和贸易程序的数字化。这些措施显示了中亚地区国家的政策制定者为保障贸易流通所做的努力（OECD，2020）。

在执行严格的疫情防控措施期间，乌兹别克斯坦和哈萨克斯坦政府部门（卫生和执法部门）采用了可以追踪的移动应用程序和视频监控等新技术来监测自我隔离、佩戴医用口罩情况和其他违反隔离规定的现象。上述举措表明乌哈两国与其邻国相比具有较大的数字技术潜力，尽管是吉尔吉斯斯坦和塔吉克斯坦宣称正在将其首都建设为"安全城市"或"智慧城市"。

此外，在疫情期间，各个中亚国家迅速将现有流行病学监测技术集中用于公共卫生方向，同时也加强了对个人权利和隐私的关注（Putz，2020）。

事实上，早在 21 世纪初，中亚国家就将数字化和发展信息通信技术确立为实现国家经济和社会现代化的优先发展方向（见表 1）。

表 1　规范中亚国家数字经济和数字化项目发展的主要文件

	国家	国家规划	数字化目标及发展方向	预期结果
1	哈萨克斯坦	《数字哈萨克斯坦 2018-2022》	●经济领域数字化； ●数字化国家转型； ●推进"数字丝绸之路"建设； ●人力资本升级； ●构建创新生态体系	●电子商务交易额在零售贸易总额中的占比达到 2.6%； ●借助数字化创造 30 万个新就业岗位； ●数字化公共服务占比达到 80%； ●互联网普及率提高到 82%； ●人口数字素养水平达到 83%； ●国家信息通信技术发展指数的世界排名提升至第 30 位
2	吉尔吉斯斯坦	《数字吉尔吉斯斯坦 2019-2023》	●通过发展数字技术为民众创造新机会； ●提供高质量的数字化服务，提高效率、生产力、透明度，完善问责制； ●通过优先经济部门的数字化转型确保经济增长，加强国际伙伴关系并创造新的经济集群	●数字化国家转型； ●发达的数字经济； ●提高民众的数字技能和数字素养； ●数字化公共服务比例达到 80%； ●接入"Tunduk"系统的国家机构数量达到 45 个； ●到 2023 年提高本国在下列世界排名中的名次至： 信息通信技术发展指数——第86位 电子政务发展指数——第 72 位 网络就绪指数——第 70 位 信息社会指数——第 96 位 腐败感知指数——第 100 位 全球竞争力指数——第 77 位 教育指数（联合国开发计划署）——第 50 位 全球卫生支出——第 68 位 环境绩效指数——第 79 位

续表

	国家	国家规划	数字化目标及发展方向	预期结果
3	塔吉克斯坦	《塔吉克斯坦数字经济构想》《2030 年前塔吉克斯坦国家发展战略》	• 巩固在引进新技术方面的法律法规基础及完善相关公共政策； • 发展现代数字基础设施，全面普及宽带接入； • 发展现代通信系统； • 创建数据中心和数字平台； • 社会领域、能源、农业数字化； • 成立金融科技（fintech）等新部门； • 塔吉克斯坦国家银行数字化； • 培养专业人员； • 建立数字化转型管理模式； • 明确数字化成功转型的关键目标； • 为数字化转型提供信息和教育支持	• 引入电子文件管理方案； • 提高农村地区宽带网络从2G 到 3G/4G 的升级率； • 提升网络速度； • 降低互联网成本； • 扩大数字服务用户数量； • 提升民众数字技能和素养； • 建立一个先进经验和数字创新中心
4	土库曼斯坦	《土库曼斯坦2019-2025 数字经济发展构想》	• 计划组建国家授权的跨部门委员会； • 编制数字经济发展规划，即准备向数字经济转型的措施"路线图"； • 监测各经济实体的技术基础，为数字化做好准备； • 完善物质技术基础和法律体系； • 提高相关人员的数字技能； • 更广泛和全面地应用数字通信系统； • 发展"单一窗口"服务； • 在各经济领域实施数字化项目，电信行业计划利用第三代和第四代移动通信技术进行升级，未来还将应用第五代移动通信技术的高速网络和其他服务	• 实现向数字经济的过渡； • 数字化进程的物质、技术和立法基础均将得到改善； • 培养专业的工作人员； • 形成综合数字通信系统； • 创建"单一窗口"服务； • 将提供 5G 高速网络和其他服务； • 信息和通信技术将被应用于远程医疗、远程教育、运输管理、安全和公共秩序维护等领域

续表

	国家	国家规划	数字化目标及发展方向	预期结果
5	乌兹别克斯坦	《数字乌兹别克斯坦2030战略》	数字化转型： ●地区； ●工业部门； ●发展； ●公共管理； ●为民众和经济实体提供公共服务； ●电子政务； ●数字经济； ●数字产业； ●数字教育； ●数字基础设施； ●国内数字技术市场； ●创新产品； ●人力资本和数字技能发展； ●有效的信息安全系统	●将互联网接入率从78%提升到95%； ●实行全国公民身份证制度； ●铺设2万公里光纤线路； ●推出400多种信息技术、电子服务和其他软件产品； ●在"百万乌兹别克程序员"项目框架下，将有60多万人接受计算机基础编程培训； ●在生产、物流等实体经济企业中推广280多种自动化管理软件； ●自2021年7月1日起，有关政府采购、专利注册、药品、土地资源的信息均将公布在开放数据门户上； ●自2021年8月1日起，国家关税、税费、罚款和其他强制性付款均可实现在线支付； ●到2022年1月1日，银行将完成数字化并提供在线服务； ●自2021年1月1日起，公民在热门领域获得信息技术证书的费用将得到50%的报销； ●到2021年9月1日，信息技术培训中心将向公众开放； ●到2023年底，将成立200余所深入研究信息技术的专业学校； ●到2022年底，全国所有居民点都将以10M/s的速度连接到互联网

资料来源：笔者根据中亚国家官方数据自制。

各中亚国家都制定了国家数字化战略，且五个国家中有三个将其视为战略目标：《数字哈萨克斯坦 2018-2022》；《数字吉尔吉斯斯坦 2019-2023》《数字乌兹别克斯坦 2030 战略》。而塔吉克斯坦和土库曼斯坦则是在更宏大的国家发展和/或数字经济规划中明确了数字化转型项目的优先性。例如，《塔吉克斯坦数字经济构想》是基于《2030 年前塔吉克斯坦国家发展战略》，土库曼斯坦关于数字化和数字转型的政策则是基于《土库曼斯坦 2019-2025 年数字经济发展构想》。这些雄心勃勃的国家项目和战略主要旨在发展数字经济和完善中亚国家的信息通信基础设施。

在过去几年中，乌兹别克斯坦对其技术生态系统进行了大量投资，刺激了互联网接入、移动通信等相关领域信息产品生产和服务的提供。当前的发展目标还包括通过减少政府监管和确保产权来改善投资环境（Ergasheva，2020）。

乌兹别克斯坦《2013-2020 年国家信息和通信系统发展综合规划》、《2017-2021 年乌兹别克斯坦五大优先领域发展实施方略》和不久前发布的《数字乌兹别克斯坦 2030 战略》等国家项目均旨在实施国民经济、工业部门和社会的整体数字化转型。"乌兹别克斯坦政府已经认识到数字化在社会转型中的力量，但 COVID-19 使这种转型更具有了必要性"（Avliyokulov，2020）。

乌兹别克斯坦于 2020 年 3 月 15 日确认了首例新型冠状病毒感染病例，这促使领导层立即采取措施应对疫情，控制病毒在国内的传播（Hug，2020）。乌兹别克斯坦成立了国家反危机委员会，并在全国实行严格的疫情防控措施。为控制疫情进一步扩散，政府立即采取了公共卫生措施。紧接着"第二步是采取经济措施维持国内商业活力"。此外，还采取了一系列措施防止假新闻在媒体和社交网络上的传播；建立了官方渠道以发布关于国内和周边地区疫情形势的准确信息（Tulyakov，2020）。

在疫情流行特别是在实施隔离措施期间，数字技术对于国家的作用显著增强，乌兹别克斯坦的信息和通信技术潜力也得到了加强。一方面，国有和私营部门愈发频繁地借助数字工具来保持业务的连贯性，这加快了乌兹别克斯坦数字化转型的步伐（WHO & UNDP，2020）。另一方面，随着银行系统法律和制度框架的完善，特别是在线支付、转账和整体在线服务的发展，乌兹别克斯坦的电子商务和快递服务大幅扩张，这也展现了乌兹别克斯坦数字经济和数字转型的快速进展。

乌兹别克斯坦采取的隔离和疫情防控措施在一定程度上加速了2020年"科技、教育和数字经济发展年"国家项目的实施，这主要体现在国民经济的信息化和在国家主要部门广泛运用现代信息和通信技术方面。有鉴于此，乌兹别克斯坦总统沙夫卡特·米尔济约耶夫于2020年10月5日以总统令的形式批准了《数字乌兹别克斯坦2030战略》及其实施"路线图"。根据该文件，从2021年8月1日起，包括关税、税费和罚款在内的所有国家强制性支付款项，均可以在线完成。此外，在《数字乌兹别克斯坦2030战略》框架下，全国将推出涉及社会经济发展各个领域的400余个（种）信息系统、电子服务和其他软件产品（Uzreport，2020）。

尽管自疫情大流行以来乌兹别克斯坦的数字化转型取得了积极进展，但"仍有诸多需要改进的地方。乌兹别克斯坦的互联网接入水平不够均衡，数字经济在全国 GDP 中所占份额仅有 1.8%。700

个国家信息系统中有 70% 尚未与电子政务平台整合完毕，国家公共服务系统中只有 27 个部门可以提供在线公共服务"（UNDP Uzbekistan，2020）。

疫情也加速了哈萨克斯坦向数字环境的大规模过渡（Karimova，2020）。为减轻疫情带来的影响，哈萨克斯坦卫生部和内务部采用了部分技术解决方案。一款有监测功能的应用程序——Smart Astana 被建议用来监测公民的自我隔离情况。阿拉木图市则使用了 Sergek 视频监控技术来掌握防疫措施的执行情况。"但是，利用流行病学监测技术作为应对疫情的数字对策并不是哈萨克斯坦当局解决此次卫生危机过程中采取的首个办法；他们是在一些更为传统的方法未能达到预期效果后，才开始利用现有的数字技术能力来解决这个问题。"（Gussarova，2020）

面对疫情，吉尔吉斯斯坦也不得不特别关注卫生系统的数字化。现有的基础设施在迅速处理激增的患者数据和监测疫情形势方面显得捉襟见肘。因此，全国有 60 余个医疗机构采用电子健康档案，并还在持续向各地区推广（Kurenev，2020）。随着国家进入紧急状态，大多数政府机构通过 Infodocs 电子文件管理系统进行远程管理，并通过 Tunduk 系统在线提供 80 多项公共服务。中亚各国政府"也已经开始采取措施加快公共服务和税收管理的数字化，帮助企业连接到电子商务平台，并开通新的服务，如电子汇款和在城市封闭期间发放市内通行电子许可证"（OECD，2020）。

但中亚地区仍然是世界上数字技术普及程度最低的地区之一，不过该地区的大多数国家政府已经承诺将来要实现数字化。随着疫情的发展，这些计划必须加速执行（UNDP，2020）。根据联合国开发计划署的报告，如果与数字化相关的重大风险持续存在，那么核心风险便是农村和城市之间的数字鸿沟，这可能会表现在以下几个方面：儿童获得在线教育的能力，个体商户获得电子银行服务和以电子方式接收汇款的能力，失业者获得在线就业支持的能力，利用网络上的新机会获得收入的能力（UNDP，2020）。

六　数字化转型的有效战略：政务电子化

学界普遍认为，政务电子化是实施数字化转型的主要工具，而《联合国电子政务调查报告》是评估一个国家当前数字化和数字化转型准备情况的有效参照（ElMassah & Mohieldin，2020）。该报告也对各国数字化转型的情况进行排名、对标，并以此为评价依据（UN DESA，2020）。

的确，全球性的"疫情更新和巩固了政府政务数字化的作用——无论是在传统的提供数字服务方面，还是在应对危机的时采取新的创新尝试方面"（UN，2020）。"疫情使政府不仅加强了数字在传统的提供公共服务和保障商业连续性方面的应用，还催生了对危机进行数字化管理的创新方式，如接触者追踪、电子医疗、在线学习和远程工作等。"（UN DESA，2020）

最新的《联合国电子政务调查报告2020》显示，哈萨克斯坦以0.8375的极高电子政务发展指数（EGDI）排名世界第29位，吉尔吉斯斯坦以0.6749排名第83位，乌兹别克斯坦以0.6665排名第87位。两个相对落后的中亚国家中，塔吉克斯坦的EGDI属于中等水平——0.4649；土库曼斯坦排名第158位，其EGDI水平为0.4034，也处于中等水平（见图1、表2）。

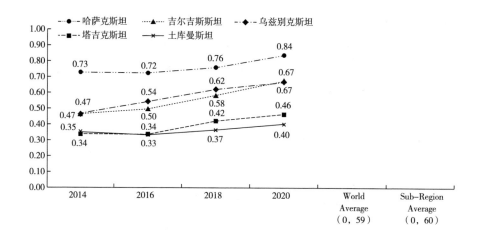

图1 中亚国家电子政务发展水平变化图

资料来源：作者根据2014～2020年《联合国电子政务调查报告》数据自制。

分析显示，中亚国家的数字化发展水平明显分为三个层次：

1. 极高（EGDI>0.75）——哈萨克斯坦；

2. 高（0.5<EGDI<0.75）——吉尔吉斯斯坦和乌兹别克斯坦；

3. 中等（0.25<EGDI<0.5）——塔吉克斯坦和土库曼斯坦。

表2 中亚国家电子政务发展指数

国家	电子政务发展指数水平（EGDI）	2018年电子政务发展指数水平排名	2020年电子政务发展指数水平排名
哈萨克斯坦	极高	39（0.7597）	29（0.8375）
吉尔吉斯斯坦	高	91（0.5835）	83（0.6749）
乌兹别克斯坦	高	81（0.6207）	87（0.6665）

国家	电子政务发展指数水平（EGDI）	2018年电子政务发展指数水平排名	2020年电子政务发展指数水平排名
塔吉克斯坦	中等	131（0.4220）	133（0.4649）
土库曼斯坦	中等	147（0.3652）	158（0.4034）
世界平均值			0.5988
地区平均值			0.6373
次区域平均值			0.6094

资料来源：作者根据2018～2020年《联合国电子政务调查报告》数据自制。

七 上合组织成员国在数字化领域的合作前景

长期而言（2035年前），上合组织的目标是通过引进数字技术，为逐步实现《上海合作组织宪章》中所确定的基本合作方向——"商品、资本、服务和技术的逐步自由流通"——创造有利条件，提高上合组织成员国国民经济的全球竞争力，促进各国的数字化转型。为此，上合组织成员国将进行必要的磋商，制定具体的方案，并在上合组织框架内逐步落实长期目标。

上合组织成员国将在以下优先领域开展合作：贸易投资、银行金融、交通物流、工业、农业、能源、海关、创新、信息通信技术、区域发展、跨区域合作、旅游、生态环保、教育和其他共同关心的领域。

上合组织成员国之间最具前景的合作领域之一是在数字发展方面扩大相关先进经验、信息和专业知识的交流。上合组织目前尚未建立一个定期的交流机制来分享数字发展指标、成员国在该领域的提议和现有项目、促进数字发展的现有最佳实践以及监管数字生产或数字贸易的挑战和细微差别等方面的数据。一旦建立这种机制，则可以在现有的平台基础之上（如信息和通信技术部长会议、上合组织信息和通信技术工作组等）扩大专家合作的范围，这将有助于共同解决当前与数字发展有关的问题，包括使统计服务适应衡量数字经济本身的需要以及信息通信技术等产业对国内生产总值的贡献等。引入新的衡量指标和改进现有指标将提高战略规划的质量和有效性，缩小日益扩大的数字鸿沟，克服新出现的薄弱点。

上合组织成员国在建立生产数字商品和服务的共同标准方面大有可为。目前还没有确立一个通用的标准，因此上合组织的方案有可能成为在这方面制定的首个标准，从而为未来的合作倡议奠定基础。此外，一个通用的数字标准将大大提升上合组织内部的贸易价值，并简化投资合作。

应该强调的是，乌兹别克斯坦和其他上合组织国家不仅将其数字议程视为有前景的经济发展领域，还认为它是正在迅速渗透国家和公共生活各个领域的渐进过程。新冠肺炎疫情作为推进这一数字化进程的超级加速器，也为互利和务实合作开辟了新的前景，特别是在公共服务、贸易、服务业、教育和国际关系等部门的日常工作中已可以看到其加速数字化转型的身影。对乌兹别克斯坦和中亚国家来说，在国际合作中特别是在上合组织框架内，加快落实国家数字发展战略是促使国家迅速发展的最佳和最大潜力所在。

结　论

在全球卫生危机期间，数字技术已成为医疗卫生领域发展的重要驱动力，同时它也在加速其他领域的数字化，如教育、政府管理、就业等。更为重要的是，数字化可以使国有和私营企业及公司的商业活动运行具有一致性，并开辟一个巨大的机会领域，世界各国均需要利用它来实现繁荣。

尽管中亚国家在发展信息通信技术和数字化转型方面的路径不同，但它们面临着共同的问题和障碍：

- 国家和地区层面的数字鸿沟；

- 法律基础，尤其是在隐私和个人数据保护方面；

- 资源方面的限制，如财政、技术和基础设施等领域；

- 互联网通达程度、价格和运行速度；

- 缺少高度熟练的数字技术专业人员；

- 公众对数字服务的低信任度；

- 民众数字素养不高；

- 做出协作性的综合决策较难。

鉴于此，弥合国家和地区层面的数字鸿沟应是中亚国家决策机构和其他相关部门的优先事项。此外，要缩小中亚国家之间的数字鸿沟，必须加强上合组织成员国之间以及与其他国际伙伴间的双边和多边合作。

新冠肺炎疫情引发的危机为全球数字化发展提供了巨大推动力。上合组织和中亚国家数字空间的进一步发展主要取决于有效的国家政策、调控机制和配套标准，以及解决信息空间的安全问题。

同时，制定正确的政策框架来促进数字化进程，不仅可以巩固法律基础，还可以加强国际合作，促进信息和经验的交流。反之，欠发达的基础设施和不完善的法律框架在数字化方面的缺陷会影响法律对企业的适用性。此外，隐私和数据保护应在中亚国家的立法框架中得到体现和保障。

关于资源方面的限制，财政空间有限的中亚国家必须通过多样化的条件来吸引国际合作伙伴和支持者。对数字基础设施、信息通信技术和专业信息技术服务的投资有助于中亚国家实现国民经济现代化，并加速各领域的包容性增长。

提升信息和通信技术的可达性，提高互联网的品质和价值，不仅有助于缩小国家内部的数字鸿沟，扩大数字学习平台，还可以提高国民的数字素养和能力。而提高民众的数字素养将能有效地提升国家抵御各种危机的能力。此外，开诚布公地交流技术和现有经验，并共同做出旨在促进上合组织地区数字化的全面决定，也是非常重要的。

毫无疑问，无论是在疫情背景下还是在一般情况下，数字技术和数字服务在恢复和创造可持续经济方面发挥着核心作用。因此，扩大数字化和数字化转型应该是中亚国家的首要任务。中亚国家还可以通过继续帮助企业向电子商务过渡并提供一切可能的援助等方式进一步促进私营部门的数字化转型。重要的是，为了人民的福祉、国民经济和整个地区的包容性、可持续发展，中亚国家疫情后恢复计划应包括对数字化和数字转型的支持政策。

参考文献：

Список литературы

1. Avliyokulov, B. (2020). *Speeding up Digital Transformation to tackle COVID - 19 in Uzbekistan.* UNDP Europe and Central Asia. https：//www. eurasia. undp. org/content/rbec/en/home/blog/2020/speeding-digital-transformation-uzbekistan. html.

2. Berghaus, S. & Back, A. (2016). Stages in Digital Business Transformation： Results of an Empirical Maturity Study. *MCIS* 2016 *Proceedings.* 22. http：// aisel. aisnet. org/mcis2016/22.

3. Demirkan, H., Spohrer, J. C., & Welser, J. J. (2016). Digital innovation and strategic transformation. *IT Professional*, 18 (6), 14-18.

4. ElMassah S. & Mohieldin, M. (2020) Digital transformation and localizing the Sustainable Development Goals (SDGs). *Ecological Economics*, Volume 169, 2020, 106490, https：//doi. org/10. 1016/j. ecolecon. 2019. 106490.

5. Ergasheva, A. (2020). *How Uzbekistan is Transforming into a Digital Society in the Time of COVID19.* ORF. https：//www. orfonline. org/expert-speak/ how-uzbekistan-is-transforming-into-a-digital-society-in-the-time-of-covid19-68640/.

6. Gleason, G. & Gussarova, A. (2020). *COVID-19's Long-term Implications for Central Eurasia.* Diplomatic Courier. https：//www. diplomaticourier. com/posts/ covid-19s-long-term-implications-for-central-eurasia.

7. Gussarova, A. (2020, April 8). *Kazakhstan Experiments with Surveillance Technology to Battle Coronavirus Pandemic.* The Jamestown Foundation. https：// jamestown. org/program/kazakhstan-experiments-with-surveillance-technology-to-battle-coronavirus-pandemic/.

8. Hug, A. (2020). Spotlight on Uzbekistan. *The Foreign Policy Centre.* https：//fpc. org. uk/wp-content/uploads/2020/07/Spotlight-on-

Uzbekistan. pdf.

9. Karimova, A. （2020, June 24）. *Forced Digitalization of Public Services in Kazakhstan During the COVID－19 Pandemic*. CABAR. asia. https：//cabar. asia/en/forced-digitalization-of-public-services-in-kazakhstan-during-the-covid-19-pandemic.

10. Kurenev, G. （Глеб Куренев）. （2020, August 26）. *Цифровизация Кыргызстана. Технологии, которые способны улучшить жизнь（Digitalization of Kyrgyzstan. Technologies that can improve life）*. Kabar News Agency. http：//kabar. kg/news/tcifrovizatciia-kyrgyzstana-tekhnologii-kotorye-sposobny-uluchshit-zhizn/.

11. OECD. （2020, November 16）. *COVID－19 crisis response in Central Asia*. https：//read. oecd-ilibrary. org/view/? ref = 129 _ 129634-ujyjsqu30i&title = COVID-19-crisis-response-in-central-asia.

12. Putz, C. （2020, May 13）. Technology and Policing a Pandemic in Central Asia. *The Diplomat*. https：//thediplomat. com/2020/05/technology-and-policing-a-pandemic-in-central-asia/.

13. Saurambayeva, A. （2020, August 26）. *Difficulties of Transition to Distance Learning：the Case of Kazakhstan*. CABAR. asia. https：//cabar. asia/en/difficulties-of-transition-to-distance-learning-the-case-of-kazakhstan.

14. Tang, J. & Begazo, T. （2020, December 17）. *Digital stimulus packages：Lessons Learned and What's Next*. The World Bank Group. https：//blogs. worldbank. org/digital-development/digital-stimulus-packages-lessons-learned-and-whats-next.

15. Tulyakov, E. （2020, December 17）. *Uzbekistan's Efforts to Fight Against COVID－19：Regional and International Cooperation*. Caspian Policy Center. https：//www. caspianpolicy. org/uzbekistans-efforts-to-fight-against-covid-19- regional-and-international-cooperation/.

16. Tursunzoda, M. （2020, May 4）. *Как Таджикистану перейти на*

дистанционное обучение? (*How will Tajikistan shift to distance learning?*). Asia-Plus. https：//asiaplustj. info/ru/news/tajikistan/society/20200504/kak-tadzhikistanu-pereiti-na-distantsionnoe-obuchenie.

17. UN. (2020, July 10). 2020 *United Nations E-Government Survey.* https：//www. un. org/development/desa/publications/publication/2020-united-nations-e-government-survey.

18. UN Department of Economic and Social Affairs. (2020, July 10). 2020 *United Nations E-Government Survey.* https：//www. un. org/en/desa/2020-united-nations-e-government-survey.

19. UNDP Uzbekistan. (2020, September 18). *Discussion of Uzbekistan's Digital Potential in View of the Pandemic Outbreak.* https：//www. uz. undp. org/content/uzbekistan/en/home/press-center/pressreleases/2020/09/discussion-of-uzbekistans-digital-potential-in-view-of-the-pande. html.

20. UNDP. (2020, November 16). *COVID*-19 *and Central Asia：Socio-economic Impacts and Key Policy Considerations for Recovery.* https：//www. eurasia. undp. org/content/rbec/en/home/library/sustainable-development/covid19-and-central-asia. html.

21. Uzdaily. (2020, May 20). *Remote Services Provided During a Pandemic in a Few Days Went Online.* https：//uzdaily. uz/en/post/57109.

22. Uzreport. (2020, October 7). *Mirziyoyev Intends to Create "Digital Uzbekistan" by* 2030. https：//www. uzreport. news/technology/mirziyoyev-intends-to-create-digital-uzbekistan-by-2030.

23. WHO & UNDP. (2020, September 14). *Uzbekistan COVID*－19 *Situation Report.* https：//reliefweb. int/sites/reliefweb. int/files/resources/COVID19% 20Sit Rep%20Uzbekistan%2014－09－2020_FINAL. pdf.

实践篇：

上海合作组织民间友好的经验

民心相通：上海合作组织框架下奥什孔院的理念、实践与展望

王林兵　许　哲*

【内容提要】吉尔吉斯斯坦奥什国立大学孔子学院（以下简称"奥什孔院"）作为"上海合作组织大学"成员吉尔吉斯斯坦奥什国立大学和新疆师范大学共建的一所非营利性教育机构，经过8年多的探索，以促进中吉"民心相通"为导向，逐渐形成了独具特色的发展模式。在理念上，确立了"仁爱至善、情感交融、文化互动、传承发展"的核心理念；在规模上，建构起覆盖专科、本科和研究生的人才培养体系；在实践中，立足于教授汉语和传播中国文化的宗旨使命，高效发挥科教合作、文化互动、民情联络、社会服务等功能，有力地促进了中吉两国民众的友好交流与合作。独特的办学模式和较为成功的办学经验，使奥什孔院成为上海合作组织框架下，促进中吉两国民间友好、服务共建"一带一路"的典范。

【关 键 词】上海合作组织　奥什孔院　民心相通　民间友好

2021年是上海合作组织成立20周年。20年来，上海合作组织在加强成员国和观察员国间政治、经济、安全、人文等领域合作的

---

* 王林兵，江苏大学马克思主义学院讲师；许哲，吉尔吉斯奥什国立大学孔子学院中方教师。

过程中，见证了吉尔吉斯斯坦奥什国立大学孔子学院的成立与发展。习近平总书记指出，语言是了解一个国家最好的钥匙，孔子学院是世界认识中国的一个重要平台。① 奥什孔院由中吉两国教育部于2013年批准设立，是由"上海合作组织大学"成员吉尔吉斯斯坦奥什国立大学和新疆师范大学共建的一所非营利性教育机构。自成立伊始，其便被授予本科招生及学位授予资格。在发展过程中，奥什孔院的办学质量不断提高，随着专科部和硕士点的相继开设，奥什孔院建构起了覆盖专科、本科和硕士教育等较为完整的人才培养体系。奥什孔院作为中吉两国科教文化合作的重要成果，不仅彰显了上海合作组织"加强成员国相互信任与睦邻友好"的宗旨，也是我们认知、理解和把握上海合作组织框架下中吉民间友好交流合作历史与成就的重要窗口。

一　奥什孔院民心相通的
理念表达及功能耦合

奥什孔院以"仁爱至善、情感交融、文化互动、传承发展"为办学理念，其契合于上海合作组织"加强成员国相互信任与睦邻友好"的宗旨，指向上海合作组织大学"为拓展教育、科研、文化合作增添新的动力"等目标任务。这些理念、宗旨、目标共同的导向是促进中吉两国民心相通。"'民心相通'，是指通过不同国家人民的交往交流交融，达到通民心、达民意、汇民情，实现增

---

① 《习近平出席全英孔子学院和孔子课堂年会开幕式》，http：//www.xinhuanet.com/world/2015-10/23/c_128347954.htm。

进信任、促进友谊、深化合作、共同发展的目的。"①

（一）奥什孔院民心相通的理念表达

民心相通，以共通的精神价值为基石。吉尔吉斯斯坦民众向来将"热情、真诚、友好"作为接人待物的处世原则，这与中国人民的"仁爱"精神基因高度契合，"爱"与"善"都是中吉两国人民共同的价值追求。"仁爱至善"理念的确立，正是奥什孔院对中吉民间"兼爱向善"这一精神价值的提炼表达。

民心相通，以畅通的情感交流为根本，这种"畅通"又建立在便利的语言工具和融洽的情感关系上。吉尔吉斯斯坦是中国的邻居，但中吉两国开始大规模民间交往的历史并不长，随着中吉国际合作的加深，亟须破除与消解两国民众交往的语言障碍和情感疏离。"情感交融"理念的提出，正是奥什孔院对中吉两国民间"畅通情感交流"需求的回应。

民心相通，以互通的文化心理为支撑。民间国际交往越是能抛弃心理偏见，互鉴互学互荣，就越能建立起持久深厚的友谊。在苏联政治遗产和西方反华论调的影响下，吉尔吉斯斯坦民间仍然存在一些不利于中吉塑造互通文化心理的陈旧观念。"文化互动"理念的形成，正是奥什孔院对培育两国民间文化心理相通路径的审视。

民心相通，以民情民意相通为核心。民间国际交往越是能产生共情共振，就越能形成心心相惜、命运与共的格局。中吉两国友好交往的历史源远流长，但中亚域内外影响两国民间友好交往的负面

---

① 王亚军：《民心相通为"一带一路"固本强基》，《行政管理改革》2019年第3期。

因素仍然存在。"传承发展"理念的提出，正是奥什孔院立足历史与现实，面向未来，不遗余力推升中吉两国民间理解互信和友好合作水平而做出的选择。概而论之，奥什孔院秉持的"仁爱至善、情感交融、文化互动、传承发展"理念，是对民心相通四个维度即"精神价值共通、情感交流畅通、文化心理互通、民情民意相通"要求的提炼表达和积极回应。

（二）奥什孔院民心相通的功能耦合

奥什孔院依托大学、融入社会、扎根民间的运作模式，就是为了促进"民心相通"，为了"培养更多知华、爱华、亲华的双语人才"[①]。奥什孔院这一目标的实现，不仅依赖于其科学办学理念的指引，更依赖于其各项功能的发挥与耦合。

促进民心相通，需要以相通的语言深化交流。在中吉民间交往中，奥什孔院的首要功能是培育掌握汉语的吉尔吉斯斯坦青年人才。奥什孔院通过发挥科教合作的平台功能，充分调动吉尔吉斯斯坦知识界和民众的主体性，共同加快汉语推广进程，打造多元交流渠道，巩固人才培养成效，在"共商共建共享"中切实提升吉尔吉斯斯坦民众在中吉科教合作中的参与感。促进民心相通，需要以文化增进情感。奥什孔院在吉国传播中国文化，不是简单地宣介中国，而是不遗余力地探索两国文化的结合点，在"互鉴互学互荣"中夯实两国民间友好关系的文化根基和情感基础。促进民心相通，需要以全面的互知提升互信。真实有效的信息传递和反馈是实现中

---

① 郭卫东、刘敏、张全生：《孔子学院家访活动探究——以吉尔吉斯斯坦奥什国立大学孔子学院为例》，《新疆师范大学学报》（哲学社会科学版）2018 年第 6 期。

吉民间互信的前提。在国际话语权由西方主导的背景下，真实有效地传递民情信息，既是展示真实、立体、全面的中国的需要，也是讲好中吉友谊故事、传播好中吉友好声音的需要。奥什孔院积极发挥信息传递功能，旨在双向传达真实的民情民意，通过促进沟通交流对冲负面舆论，消解彼此误会，提升中吉民间互商互谅、互爱互助、互敬互信的水平。促进民心相通，需要以务实的作为以利促义。奥什孔院的根本利益在于融入当地社会发展，促进中吉友好关系。基于此，奥什孔院积极参与吉尔吉斯斯坦的社会民间活动，自筹设立公益基金，完善留学商旅咨询等社会服务功能，在追求自我发展中，一以贯之地以正确义利观增进吉国社会公共利益，增强吉国民众的获得感。一言以蔽之，奥什孔院"科教合作、文化互动、信息传递、社会服务"等功能，不仅与其自身的时代使命高度契合，还与促进民心相通的四大着力点高度耦合，统一于发展中吉民间友好关系的实践中（见图1）。

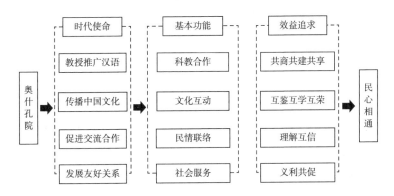

图1 奥什孔子学院的基本功能与效益追求

资料来源：笔者自制。

二　奥什孔院民心相通理念
与功能的实践转化

理念是行动的先导，一定的发展实践都由一定的发展理念来引领。反过来，离开了行之有效的实践，再完美的理念都不会转化为现实。在过去8年多的探索中，奥什孔院始终以育生培教为核心，以文体活动为抓手，以入户家访为特色，以慈善公益为支撑，以产学研结合为重点，不遗余力地推进孔院民心相通的理念与功能整合，并将其转化为生动鲜活的现实。

（一）以育生培教为核心，搭建民心相通的人才桥梁

培育吉尔吉斯斯坦学生和培养本土教师，是奥什孔院通过办学搭建中吉民心相通人才桥梁的工作核心。在培育学生方面，奥什孔院以"全人教育"为遵循，即"促进学生认知素质、情意素质全面发展和自我实现"[①]。这一育人遵循，贯穿于奥什孔院对学生的日常教学和留学访学全过程。在日常教学中，奥什孔院着力促进学生"知、情、意、行"的全面发展，重点培养他们了解基本的中国知识与掌握基本的汉语语言技能，塑造他们维护和促进中吉友好的情感态度、思维观念和行为模式。而留学访学不仅能让学生更好地学习和运用汉语知识技能，还能让他们切身地了解中国发展，体验中国文化，感受中国人文风情。通过这些教学育人实践，奥什孔

---

① 张大均：《教育心理学》，人民教育出版社，2011，第113~114页。

院的大多数学生基本能自觉地在观念上"亲华"，在情感上"爱华"，在行动上"友华"。如，2015年当一名自称来自台湾地区的人士在课余时间混入孔院，试图向学生宣扬"台独"思想并污名化中国大陆时，立刻遭到学生的质疑和举报。又如，2016年奥什孔院的一位大三学生，在社交平台上与西方某些支持香港"占中分子"的言行展开了坚决斗争，据理力争地批驳他们"扭曲真相、扰乱香港、祸害中国"的行为。2018年岁末2019年初在西方反华势力的操控支持下，比什凯克爆发多次反华游行，南部之都奥什也不平静。奥什孔院数十名大三、大四的学生自发组织了保护中方教师的安全小队，车接车送老师们上下班以及外出购物。2020年初武汉"封城"期间，面对西方倾泻式污名化中国的舆论，在中国的奥什孔院留学生们纷纷制作视频向同学、朋友和亲属们讲述了自己在武汉的所见所闻和真实感受，高度肯定了中国政府和中国人民的抗疫举措，并呼吁大家不信谣、不传谣，明辨是非。而奥什孔院的在校学生们，也自发组织录制祈福视频，为武汉加油、为中国加油。[①]

在培养教师方面，奥什孔院充分利用自身的资源优势，面向本土教师加强汉语师资培养。在培养模式上主要有四种。第一种，安排老教师对新教师的"传帮带"，由教学经验丰富、教学水平较高的老师对新教师进行一对一备课辅导、教法传授、听课纠错等，提高新教师的教学能力。第二种，在孔院本部定期开展技能培训，通过培训让教师掌握前沿的教学理念和教法教技。第三种，组织本土

---

① 《"中吉相伴，心系武汉"——奥什国立大学孔子学院祝福中国战胜疫情》，https://mp.weixin.qq.com/s/k99f9eDg2nhjhxvzoitGKg。

教师前往中方合作院校进行实地访学培训，提高他们汉语教学的综合能力，并增强他们对中国的全面认知，以便更好地将促进民心相通融入教学工作中。第四种，选送优秀青年教师前往中国高校攻读博士学位，完善孔院的师资结构，增强孔院促进民心相通的可持续发展能力。通过这些制度化的师资培养模式，奥什孔院已经培养了一批教法教技成熟，"知华、亲华、友华、爱华"的吉尔吉斯斯坦汉语教师队伍。除此之外，奥什孔院还积极邀请吉尔吉斯斯坦本土教育界人士前往中国参观考察，这些到访中国的教育界人士也成为中吉民间友好正能量的传播者。如奥什人文师范大学校长祖鲁耶夫就表示，奥什孔院不仅为本校学生们学习汉语和中国文化提供了极大的支持和帮助，还邀请他到中国参访学习，让他终生受益，他一再表示希望将来能够与中方进一步扩大合作。

（二）以文体活动为抓手，系牢民心相通的文化纽带

开展和参与各类文化体育活动，是奥什孔院通过寓教于乐的形式，组织学生锻炼语言技能、促进文化交流、系牢民心相通文化纽带的重要抓手。奥什孔院发展至今，已成立了涉及民乐、武术、诗歌、古筝、书画剪纸、茶艺、舞蹈、播音主持等领域的 8 个学生社团，基本做到让每一位学生在习得汉语的同时，都有机会掌握至少一种传统中华才艺。此外，奥什孔院中方教师还成立了"玛纳斯"传唱团，由吉方教师负责指导传唱吉尔吉斯民族英雄史诗《玛纳斯》。在过去 8 年中，奥什孔院组织学生开展和参与各类文体活动和比赛达 430 多项，累计获得校级比赛奖励 160 多项、地区比赛奖励 40 多项、国家级比赛奖励 50 多项。目前，"民乐表演""武术

表演""玛纳斯传唱""中华才艺大赛""中国国情知识大赛"等文化活动，已经成为奥什孔院的精品项目。特别是"龙吟"民乐团和武术队，已成为奥什孔院响亮的招牌。

"龙吟"民乐团由音乐教师孙荣伟于 2015 年组建，是以中国竹笛、唢呐、巴乌、葫芦丝、大鼓等传统乐器和吉尔吉斯斯坦库姆孜、都塔尔、口弦等传统乐器为主进行联合演奏的大型乐团。该乐团的运作长期得到吉尔吉斯斯坦知名乐器大师阿布杜瓦利耶夫·别克波罗特教授的指导。自成立至今，"龙吟"民乐团多次受奥什市政府邀请参加当地大型文化演出，乐团负责人孙荣伟老师也多次接受奥什电视台等多家媒体的专访。孙荣伟老师与吉尔吉斯斯坦国家歌剧院院长克里姆·图拉波夫、著名库姆孜演奏家额勒·阿塔巴耶娃、知名歌唱家萨马拉·卡里莫娃、总统奖章获得者玛纳斯·科佐姆扎罗夫等吉尔吉斯斯坦知名艺术大家有着密切的交往与合作，并多次在有吉尔吉斯斯坦政要出席的大型活动中进行演出。由于孙荣伟老师以及"龙吟"民乐团有力地促进了中吉文化的交流交融，2019 年 12 月 24 日孙荣伟老师在奥什市政府的推举下，获得了由吉尔吉斯斯坦时任总统热恩别科夫亲自签发的"中吉友谊突出贡献音乐家"称号。

除此之外，奥什孔院武术队也是当地民众心中的"孔院明珠"。奥什孔院武术队由武术教师付东良于 2013 年组建，设有面向孔院学生的校内班和面向当地民众的校外班。奥什孔院武术队每年下半年进入奥什当地 50 多所中小学进行武术表演和武术文化宣传，深受当地学生的喜爱。不仅如此，孔院武术队也经常受奥什市政府、高等院校、公司企业等邀请参加演出活动，时常受当地电视台、新闻媒体、自媒体的邀约进行专访等，极大地提升了奥什孔院在当地的知名度。正是因为具有良好的口碑，奥什孔院武术队也吸引了一些特殊群体的关注，并成就了一段段佳话，其中知晓度最高的当属 2015 级校外班学员奥马特的故事。12 岁的奥马特因几年前一场手术意外而导致肌肉萎缩，加之长期卧床及弓背生活，其脊椎严重变形。不仅如此，他右半边胸腔全部塌陷，右手五根手指也严重萎缩，几乎不能生活自理。他的母亲得知奥什孔院有个招收社会学员的武术队后，立刻找到付东良老师，希望通过武术训练帮助奥马特改善身体状况。经过近 1 年有针对性的训练后，奥马特不仅能完整地打完一套少年拳，还成了新进队的小学员们的"队长"。①奥马特的故事迅速在奥什当地传播开来，越来越多的社会人士慕名来到孔院学习武术，其中年龄最小的仅为 4 岁，年纪最大的有 55 岁。这些生动鲜活的案例，充分彰显出奥什孔院多元化的院内文体活动和院外文化合作，不仅丰富了孔子学院师生的精神文化生活，还极大地拉近了孔院教师和当地民众间的距离，有力地促进了中吉文化交流和民心相通。

（三）以入户家访为特色，夯实民心相通的互信基石

"国之交在于民相亲，民相亲在于心相通"。奥什孔院以长效的家访制度机制，组织中方教师下沉到吉尔吉斯斯坦村镇，了解社会民心民情、宣传孔子学院、传播中国文化，成为夯实民心相通互信基石的关键一步。现代化教育是一种多元互动的过程，是在由学

---

① 郭卫东：《中亚孔子学院文化传播实践研究——以吉尔吉斯斯坦奥什国立大学孔子学院为例》，《新疆师范大学学报》（哲学社会科学版）2016 年第 6 期。

校、社会、家庭构成的一个相互衔接的生态空间中进行的，奥什孔院的家访制度正是对如何实现三者有效结合问题的一种探索。在奥什孔院设立之前，吉尔吉斯斯坦大多数民众对中国的认知要么极其模糊，要么带有鲜明的苏联时期的"记忆"。因此，奥什孔院成立之初就清醒地认识到要促进中吉民间互知互信，不能仅靠组织课堂教学和举办文体活动，还要深入社会民众生活中去讲好孔院办学的故事和中吉友好交往的故事。在探索方式方法的过程中，奥什孔院立足于生源的分布与构成，在积极借鉴和吸收其他孔院办学经验教训的同时，创新性地把国内中小学阶段常见的家访工作形式引入奥什孔院的发展模式中。

在实践过程中，为避免因家访给学生家庭带来额外的经济负担，奥什孔院为家访活动提供了充分的经费支持，同时为避免给学生造成额外的心理负担，孔院老师在家访前都会跟学生及其家长进行充分沟通。为了使家访工作在促进中吉民间互知互信中发挥"一个老师影响一个学生，一个学生带动一个家庭，一个家庭感染一个乡村/社区"的实效，家访教师在家访中往往以孔院为学生专属定制的个人影集为媒介，向家长呈现学生在孔院学习和生活的场景，让他们全面了解孔院办学的模式和过程，进而有针对性地介绍中国的社会与文化，宣传国家汉办/孔子学院的海外人才培养政策等。在家访结束后，家访教师为每一个学生建立个人家庭情况档案，孔子学院也根据教师的反馈信息制定相应的方案，如对家庭困难的学生给予适当资助，对单亲家庭的学生给予更多关心，与疏于关注学生教育的家长进行定期沟通等。经过一系列努力，奥什孔院的家访工作在实行不到半年后，就由"教师主动+家长配合"的早期形式，转变为"家长邀请＋教师配合"的常态模式。截至 2020 年末，奥什学院的家访工作已持续推进将近 8 年，受访学生家庭 350 余户，家访足迹遍布吉尔吉斯斯坦南部三州一市，单次家访行程最远达 400 公里，十多篇家访文章刊登在当地的报纸上，获得了良好的社会反响。奥什孔院也根据老师们撰写的家访游记、散文、诗歌、心得等，整理出了 20 余万字的书稿。目前，奥什孔院的家访工作制度已被塔吉克斯坦国立民族大学孔子学院和吉尔吉斯国立民族大学孔子学院借鉴和引入。奥什孔院的家访工作，推动了中国教师、吉尔吉斯斯坦家长以及学生之间的良性互动，业已成为促进三者间文化交流、情感交融的桥梁和纽带，有效地突破了"学院式"文化传播模式的弊端，搭建了吉尔吉斯斯坦民众特别是其偏远乡村民众了解中国的平台，增进了他们对孔子学院的信任和对中国的认知。

（四）以公益服务为支撑，增强民心相通的社会效应

奥什孔院立足于自身的办学理念，组织孔院师生深入社区开展慈善公益活动、搭建平台提供公共服务，这都是增强民心相通社会效应的重要支撑。民心集中体现为一定社会范围内的民众对触及其共同利益、价值观念的问题、现象、事实所产生的意志，具有一致性、广泛性和长期性等特点。从这个意义上讲，实现民心相通就是寻求一致性、培育共同点、促进共同利益的过程。面对多元化的社会群体，要增强和扩大民心相通的社会效应，就需要以正确的义利观促进孔院自身和当地社会发展相融合。奥什孔院作为一个由中吉高校共建、融入吉尔吉斯斯坦社会、扎根吉尔吉斯斯坦民间的教育

机构，其自身不存在任何商业性质的利益，其办学利益与当地社会公共事业和社会发展需求紧密相连，与发展中吉长久友好合作关系的目标保持高度一致。

在促进当地慈善公益事业的发展上，奥什孔院积极践行"仁爱至善"的理念，不遗余力地向当地社会民众表达爱心、传递正能量，打造良好的"中国窗口"，让当地民众更全面地认识中国、相信中国、认可中国。在具体实践过程中，奥什孔院设立了"仁爱基金"，资金主要来自孔院中方教师自筹及部分中资企业的捐助。在基金运作上坚持公开来源、透明管理、科学分配的原则，保证用好、用足、用实所有资金。"仁爱基金"不仅将资金用于资助孔院家庭困难的学生，还广泛用于奥什市社会福利院和其他中小学的公益活动中。在"仁爱基金"的支持下，奥什孔院与奥什市社会福利院签订了协议，免费为孩子们提供汉语学习的机会，并于每年春秋两季向社会福利院的老人赠送衣服、被褥等生活用品，为孩子们提供玩具、学习用品等，并为他们带去民乐演奏、古筝演奏、武术表演等独具中国特色的文艺节目。截至2020年末，奥什孔院累计向奥什社会福利院提供了价值近4万元人民币的各类物资，组织文艺节目表演10余场，提供免费汉语学习名额50余个。面对奥什孔院的义举，奥什市社会福利院负责人表示："我父亲曾经在中国工作过，我也了解中国人民的友好与善良，我相信孤儿院的孩子们将来会为吉中两国友好交往做出贡献。"①

不仅如此，奥什孔院还多次携手部分中资企业，联合发起

---

① 《奥什国立大学孔子学院"关爱贫困儿童"孤儿院送温暖活动 ——大手牵小手，温情暖吉中》，https：//mp.weixin.qq.com/s/FUr-etws_3wxV0fer6_neA。

"济困学生献爱心"活动，仅在奥什西郊某寄宿中学开展的一次济困活动就惠及 500 多个家庭的 680 余名学生。① 除此之外，2020 年6 月随着吉尔吉斯斯坦新冠肺炎疫情形势急转直下，吉尔吉斯斯坦国内医疗物资匮乏，抗疫如同救火，为支持当地的抗疫工作，奥什孔院全体中方教师及亲属积极主动捐款共计 11416 元。奥什孔院师生开展的社会公益活动在当地媒体的报道下赢得了良好的社会反响，而奥什孔院也日益成为当地家喻户晓的"中国符号"。

（五）以产学研结合为重点，强化民心相通的发展推力

以教学、科研与生产相结合，面向市场需求进行学生培养与促进就业，服务中吉友好合作与发展，是奥什孔院办学之根本，也是强化中吉民心相通发展推力的重中之重。在吉尔吉斯斯坦失业率长期高位运行的背景下，能否解决好学生的就业问题，直接关系到吉尔吉斯斯坦社会对奥什孔院办学成效评价的高低，关系到能否切切实实实现民心相通。如果解决不好学生的就业问题，从短期看，将迅速增大奥什孔院的办学压力；从长期看，也极有可能消减奥什孔院在促进中吉民心相通方面所取得的既有成效。正是基于对此问题的清醒认知，奥什孔院自成立之日起，就不断探索毕业生实习、就业或深造方案。

在实习方面，奥什孔院积极开辟渠道，向当地的中外资企业输送人才，目前，奥什孔院已与中国南方航空公司驻吉办事处、中国路桥驻吉南方办事处、中国大唐商贸有限公司、上海城大酒店、金

---

① 《"情满金秋，温暖重阳"——奥什国立大学孔子学院携手中资企业慰问奥什 Tereshkova 学校师生》，https://mp.weixin.qq.com/s/eMTyiAoaz8iudc00m1vMJg。

山配镜中心等八个中资企业合作，挂牌成立了学生实习就业基地。不仅如此，2019 年奥什孔院还以中吉教师为核心，以高年级学生特别是应届毕业生为基础，建立了"翻译中心"，主要为中吉两国企业合作提供口头、书面翻译服务，这既助力了中吉双方文化、经贸、人员往来，又切实锻炼了学生的翻译能力。在就业方面，2019 年奥什孔院成立了自己的"毕业生实习就业服务中心"，该中心负责收集发布吉尔吉斯斯坦国内外企业公司的招聘信息，以及向各中资企业推介优秀毕业生，目前约有 460 名奥什孔院毕业生就职于吉尔吉斯斯坦、哈萨克斯坦、俄罗斯、乌兹别克斯坦、中国、德国、迪拜等国家的学校和企业。在创业方面，奥什孔院携手奥什国立大学就业创业服务中心，联合为学生提供创业咨询和指导，目前已有多名学生处于创业的前期筹备阶段。在留学方面，目前在中国留学的奥什孔院学生有 527 名，其中已经取得和正在攻读硕士学位的有 138 名，这些学生回到吉尔吉斯斯坦后，在尊重其个人意愿的情况下，优先录用他们进入孔院本部及各个教学点从事汉语教学、中国文化推广和中吉问题研究工作。这些在各个领域就业、创业以及继续深造的毕业生，未来不仅能够为奥什孔院的可持续发展积累更多良好的社会资源，也将强有力地推动中吉两国民间在文化、经贸等领域保持持久的友好合作关系，助力上海合作组织和"一带一路"建设的健康发展。

三 奥什孔院民心相通实践的未来展望

经过 8 年多的发展，奥什孔院以独特的办学理念为指导，充分发挥促进民心相通的各项功能，有力地推动了中吉民间的友好交流与合作，受到吉尔吉斯斯坦各界的良好赞誉。如吉尔吉斯斯坦"全国优秀教育工作者"奥什国立大学俄语系副教授艾哈迈多娃·瓦希托夫娜在笔者访谈中真切表示：苏联时代以来，我们对中国这个邻邦是不了解的，信息获得渠道都是来自新闻或者网络，最直接的印象就是中国人善于经商，不善言谈，但自从孔子学院落户奥什之后，我们真实地看到了务实、友好、温良的中国人，而我们学院的老师与中国老师也已经建立了深厚的友谊。又如 2021 年 3 月 31日，吉国教育与科学部访问团参访奥什国立大学孔子学院，访问团的成员们对奥什孔院近年来的发展给予了充分的肯定。吉国教育与科学部副部长塔什耶夫·扎帕尔库勒表示："奥什孔院很好地促进了中吉两国教育与文化的交流，加深了两国人民的友谊，希望奥什孔院能够再创辉煌。"①

尽管奥什孔院在促进中吉友好交流与合作上收效良好，但从全局看，奥什孔院在发挥促进民心相通的功能方面仍然有诸多不足，或可从以下几个方面做出新的突破。

第一，守望互助，合力共赢。目前，吉国已有中吉共建的孔子学院 4 所，下属孔子课堂 12 个、教学点 41 个②，但在促进中吉民间友好交流合作过程中，尚未形成高效联动的合作共赢模式。鉴于此，应建立吉国孔院协同合作长效机制，打破信息壁垒和各自为阵的格局，推动在汉语教学、文化传播、民间外交等方面互鉴互学、

---

① 参与人员 выездной коллегии МОН КР посетили Кыргызско-Китайский факультет ОшГУ，https：//base. oshsu. kg/news/new/？ lg = 1&id_parent = 76&id2 = 16313&list = 1.

② 张全生、郭卫东：《中国与中亚的人文交流合作——以孔子学院为例》，《新疆师范大学学报》（哲学社会科学版）2014 年第 4 期。

共享共进。

第二，媒体合作，扩大宣传。在过去 8 年中，奥什孔院与吉尔吉斯国家电视台、吉尔吉斯人民电视台、奥什电视台、奥什之声报社、吉尔吉斯旗帜报社、AKI press 新闻社等各当地媒体有过多次合作，但合作主动性不足、缺乏规划性，进而导致奥什孔院的对外宣传缺乏长效性。与当地媒体报社特别是独立媒体建立战略性合作框架，开辟新的宣传格局，对于奥什孔院扩大在吉国民间的影响力、讲好中吉友好故事至关重要。

第三，整合资源，增强合作。奥什孔院依托奥什国立大学而建，中方教师一方面应充分利用奥什国立大学的平台优势，与其他院系、高校保持紧密的交流与合作；另一方面要充分整合发挥好奥什国立大学面向中亚、南亚、欧洲等国家和地区的国际化资源，通过举办国际学术会议、邀请参观考察、开展科教交流合作等，以品牌效应助力中国民间外交和"一带一路"建设。

第四，优化功能，增强效能。奥什孔院通过积极参与社会公益服务等，虽然赢得了良好的社会反响，但目标受众仍然有限。在未来发展中，应充分联合中资企业搭建平台，为更多当地民众提供免费的商旅、留学信息服务，促进中吉民间交往朝着方式更灵活、交流更细致、效果更良好的方向升级。

第五，内馈外导，精准发声。"收集反馈、统计反馈、分析反馈，是孔子学院发挥作用的基石，是可持续发展的必要过程。"[①] 奥什孔院地处中亚费尔干纳盆地，各种国际反华思潮和舆论在此激

---

① 陈旖琦：《以国际汉语教育促民心相通——基于柬埔寨王家学院孔子学院实地调查的思考》，《公共外交季刊》2017 年第 3 期。

流涌动，在此背景下，奥什孔院一方面要充分地收集、提炼、反馈这些思潮和舆论动向，向中国政府和民间传递真实信息，服务于中国对吉国的外交外事政策的制定；另一方面要积极引导吉国孔院师生在当地媒体报纸、社交平台上积极、主动、精准发声，对冲负面舆论，增强中吉民间的互知互信。

上海合作组织框架下人文交流合作的实践与挑战

——以北京外国语大学"俄语+中亚语"人才培养为例

孙　芳[*]

【内容提要】 上合组织成立 20 周年来取得了诸多显著成绩，然而人文合作尚存在进一步提升的空间。中亚地区作为上合组织的核心地带需要务实的人文交流合作，更需要借助语言相通达到深层次的民心相通。开设中亚非通用语种群，培养一批既通晓语言又了解对象国国情的新型复合人才，是推进上合组织框架下人文交流合作的重要抓手，是顺利实施"一带一路"倡议的重要条件，也是国家人才发展战略的重要任务之一。北京外国语大学的中亚语种建设自 2015 年起全面铺开，迄今 5 个中亚语种新专业已全部开设完毕，其间经历了项目论证、建设规划、人才培养模式确立、教学工作实践等阶段。总结经验，反思不足，直面挑战，是中亚非通用语种建设今后能够健康顺利发展的保证。

【关 键 词】 上合组织　人文合作　北京外国语大学　"俄语＋中亚语"

───────────

* 孙芳，北京外国语大学俄语学院副教授。

一 开设中亚语种的背景和必要性

众所周知，中亚国家与中国毗邻，自然资源丰富，居于丝绸之路经济带的重要位置上，对于实施"一带一路"倡议和区域一体化战略不可或缺。不仅如此，除土库曼斯坦之外，其他四个中亚国家均为上海合作组织的成员国，在上合组织中作用显著，是共同维护地区安全与稳定的战略伙伴。因此，与中亚地区哈、乌、塔、吉四国的交流合作无疑是上海合作组织框架内区域合作的重要组成部分。习近平主席提出"一带一路"倡议之后，中亚国家的响应最为迅速和积极。自2013年之后，中亚国家已与中国展开众多大型合作项目，人文合作也在原有基础上迅速扩大和深化。然而，中亚各国独立后随着自身国力和民族意识的增强也越来越重视自己的民族语言，近年来中亚各国无一不表现出日渐增强的"去俄语化"趋势。独立后的中亚各国通过语言立法、语言规划、语言教育制度改革等方式纷纷确立了本国主体民族语言国语的地位，推进国语的使用，认为国语使用具有加强民族历史及精神文化的功能。① 在这种背景下，中国与中亚国家之间的交往必然需要大批既懂中亚语言又通晓专业知识的复合型人才参与其中，而这种新型复合人才的培养和产出也必将大力推动上合组织框架下中国与中亚地区人文交流合作的深入发展。为了能与中亚国家顺利开展交流合作，开设新的中亚语种课程无疑成为必然要求和选择。

---

① 魏梓秋、黄思宇：《中亚国家的多语政策及其对汉语国际教育的影响》，《欧亚人文研究》2020年第1期。

2015 年和 2017 年，教育部先后发布了《教育部关于加强外语非通用语种人才培养工作的实施意见》①《国别和区域研究基地培育和建设暂行办法》②《国别和区域研究中心建设指引（试行）》③三个重要文件，提出高校要以培养国家急需的人才为关键任务，以创新人才培养机制为重点，以强化政策和条件保障为支撑，加快培养一批具有国际视野、通晓国际规则、能够参与国际事务和国际竞争的应用型、复合型非通用语种人才，为更好服务国家外交战略和"走出去"战略提供强有力的人才智力支撑，各高校要制定实施覆盖本科和研究生阶段的国别和区域研究人才培养方案，培养能熟练掌握对象国语言、具有复合型专业背景的人才，要建设国别和区域研究中心，并具备一定的研究对象国语言特别是小语种语言的优势。

在上述多层面背景下，作为国家外语非通用语种本科人才培养重要基地的北京外国语大学，积极响应国家号召，配合国家战略，将实现"一带一路"共建国家语言全覆盖作为工作目标，大力推进教学改革，逐步完善非通用语种人才培养方案，积极探索"通用语+非通用语"的复语型人才培养模式，并努力创新将语种建设与国别区域研究相结合的发展思路。2015 年，北京外国语大学提出并制定了中亚非通用语种群（哈萨克语、乌兹别克语、塔吉克

① 《关于政协十二届全国委员会第四次会议第 2628 号（教育类 254 号）提案答复的函》，2016 年 9 月 23 日，http://www.moe.gov.cn/jyb_xxgk/xxgk_jyta/jyta_gjs/201611/t20161103_287551.html。
② 《教育部关于印发〈国别和区域研究基地培育和建设暂行办法〉的通知》，2015 年 1 月 26 日，http://www.moe.gov.cn/srcsite/A20/s7068/201501/t20150126_189316.html。
③ 《教育部办公厅关于做好 2017 年度国别和区域研究有关工作的通知》，2017 年 2 月 22 日，http://www.gov.cn/xinwen/2017-03/14/content_5177345.htm。

语、吉尔吉斯语、土库曼语）建设任务的规划，得到了教育部的大力支持。北外俄语学院成为实施这一任务规划的具体负责单位。

北外俄语学院认为，现阶段培养既精通俄语又熟练掌握某一种中亚国家官方语言的复语人才是服务国家战略的优先选择和必由之路，这既符合现实条件下创新人才的培养模式，同时也为学生出国留学、中亚语师资培养和区域研究合作提供了更多机会和更广阔的平台。于是，俄语学院制定了立足俄语，发挥传统俄语优势，以"一俄带多语"的语种建设战略，设立"俄语+中亚语"复语专业，目标为逐渐实现以多语种教育和区域研究为重心的专业和学科建制。在这种思路下，视国家需求急迫性和重要性的差异，俄语学院决定"分期分语"地开设上述 5 个新语种。自 2016 年起，北外俄语学院依次开设了"俄语+哈萨克语""俄语+乌兹别克语""俄语+塔吉克语""俄语+吉尔吉斯语""俄语+土库曼语"5 个复语专业。至今，中亚五国语言开设已全部完成，"俄语+中亚语"人才培养模式的创新与探索已进入实践阶段。

二 "俄语+中亚语"复语专业建设的实施方案

（一）招生与学制

北外俄语学院的"俄语+中亚语"专业包括"俄语+哈萨克语""俄语+乌兹别克语""俄语+塔吉克语""俄语+吉尔吉斯语""俄语+土库曼语"5 个方向，采取每年 1～2 个方向轮流招生的模式，每个方向的学制均为四年。学生第一、二、四学年在校学习，第三学年赴所学语言对象国留学深造。考虑到复语专业的学习难度和新语种在学习过程中的接受效果，北外俄语学院决定将"俄语+中亚语"专业的生源设定为俄语高起点学生，这些学生在中学阶段均已有 3~6 年的俄语学习经历，俄语功底较好，入校后俄语学习的压力较小，能把更多精力和时间放在新语言的学习上。学生入校后在一年级首先强化俄语学习，并必修对象国概况课（汉语），自二年级开始增加中亚语言入门课，三年级派到对象国合作院校学习。留学期间，他们将同时学习俄语和一门中亚语言。四年级回国后继续巩固两种语言，完成毕业论文和答辩，正常毕业。

（二）培养方案和课程设置

北外俄语学院针对"俄语+中亚语"复语专业学生设计了专门的培养方案和教学大纲，与传统的俄语专业不同，这些专业在学时和课型安排上兼顾俄语和另一种中亚语言。根据培养方案，复语专业要求学生不仅要有扎实的俄语语言基础和较强的听、说、读、写、译能力，而且要有扎实的某一种中亚语言基础和一定的听、说、读、写、译能力，应掌握语言学、文学及相关人文社会方面的基础知识，了解俄罗斯和某一个中亚国家的国情和社会文化，具备良好的跨文化交际能力与思辨能力，并具有初步的科学研究和实际工作能力。

在配合课堂教学的同时，北外俄语学院还通过邀请国内外专家和有驻外工作经验的外交人员举办学术讲座、举办主题文化活动等多种形式的活动，丰富复语专业学生的第二课堂，培养他们的科学研究思维，为他们拓展知识面和开阔眼界提供了更多机会和平台。

（三）对外合作交流

鉴于"俄语+中亚语"复语专业学生必须在第三学年赴所学中亚语言的对象国留学深造，学院与各中亚国家高校展开合作谈判，在每个中亚国家选定了至少一所合作院校：哈萨克斯坦国立阿里-法拉比大学、乌兹别克斯坦国立世界语言大学、塔吉克斯坦国立民族大学、吉尔吉斯斯坦阿拉巴耶夫国立大学和土库曼斯坦马赫图姆库里国立大学是五个主要合作伙伴，它们均为所在国家中最有影响力的公立高校。目前，除土库曼斯坦马赫图姆库里国立大学外，北外与其他四所高校均已签署校际交流协议，并已展开学生互换合作。

为了实现"俄语+中亚语"复语专业培养方案中的留学计划，学校与国家留学基金委进行了积极有效的沟通，得到"国际区域问题研究及外语高层次人才培养项目"专项支持，对这些复语专业学生实现了整班派出。2018 年 9 月，俄哈班的 10 名同学赴哈萨克斯坦国立阿里-法拉比大学插班学习一年；2019 年 9 月，俄乌班 6 名同学和俄塔班 6 名同学分别赴乌兹别克斯坦国立世界语言大学和塔吉克斯坦国立民族大学插班学习一年；2020 年 9 月，俄吉班 6 名同学获批国家留基委项目，但由于疫情未能按原计划时间派出，双方协商后决定采取线上方式展开教学，目前已顺利结业。北外俄语学院与这些中亚合作院校共同制定了课程设置方案，要求它们每周都有针对两种语言的不同课程开设，以保证学生两种语言学习的顺利开展。

三 "俄语+中亚语"复语专业人才培养过程中存在的问题与挑战

由于出国前在国内具有一定的中亚语言学习基础，且俄语功底扎实，这些复语学生在出国后学习上手相对较快，取得了较大进步，他们通过不同形式实践并展示了自己的中亚语水平。以俄哈班同学为例，他们在哈留学期间参加了"第六届全阿拉木图大学生及青年学者学术研讨会"，10 名同学均在会上做了主题报告，用俄语讲述了中国人姓名、中国河流山川名称、中国街道名称、中国菜肴名称等文化国情知识，并用哈萨克语向与会学者介绍了中国神话故事、孔子的教育理念和汉语谚语中反映出的世界观等。这些学生归国后还参加了 2019 年全国高校哈萨克语联赛，并获可喜战绩，1 名同学获得二等奖，3 名同学获三等奖，2 名同学获才艺表演二等奖。

然而，在"俄语+中亚语"复语专业人才培养过程中也出现了诸多实际问题和困难。

（一）复语专业的就业优势目前尚不明显

目前北京外国语大学复语专业已有两个毕业年级，总体来看，用中亚语种就业的学生人数较少。首届俄哈班的 10 名学生中，4 名同学留校读研，6 名同学就业，但实际情况显示学生均是靠俄语专业找到工作。第二届复语班包括俄塔和俄乌两个专业方向，截至目前有 2 名同学用塔语就业，3 名同学留校读研，其他同学均靠俄

语专业就业。第三届复语班包括俄吉和俄土两个专业方向，目前有
2 名同学被外交部遴选录取，其他同学就业情况尚不明朗。

（二）学生尚存在专业认识模糊、学习动力不足的问题

从实际情况来看，多数学生对专业的认识还不够，特别是对中
亚语种的认同感还不强，甚至存在认为学习中亚语言"没什么用
处"的偏见。据了解，这种现象并非只在北外存在，国内其他开
设中亚语专业的兄弟院校也同样存在。[①] 这种现象出现的原因：一
是中亚国家目前发展相对较慢，国力相对较弱；二是很多学生和家
长对专业的认知标准是实用主义的唯就业论，对专业的评价仅从目
前的就业情况出发，缺乏长远考量。

（三）复语专业培养方案尚须进一步修订和完善

根据学生赴对象国留学之后的反馈，我们发现复语专业学生出
国前在学校对中亚新语种的学习程度还相对较浅，实践能力还不够
理想，出国后不能很好、快速地适应对方学校用中亚语种开设的课
程，主要还是靠俄语进行交流和学习。这种情况虽对俄语学习有
利，但不利于中亚语种的掌握和提高。

（四）学生派出留学方面困难重重

尽管北外已与中亚各国合作学校签署了校际合作协议，并为学
生的境外学习制定了可行方案，但事实证明，在协议的落实过程中

---

① 海淑英：《"一带一路"背景下俄语+中亚语人才培养模式的改革与创新》，《民族教育研
究》2017 年第 2 期。

仍遇到了各种各样的问题。主要原因是中亚国家在留学生接收、管理和教育方面比较落后，有的国家几乎没有经验，一切从零开始，因此合作商谈过程中提出的方案对方并不一定能付诸实施。比如乌兹别克斯坦和塔吉克斯坦，协议签署后对方院校虽收到了北外提供的课程教学大纲，但在学生到达后却没有能力单独给学生开班，也无法开设协议要求的所有课程，后来只能采取折中方案，让学生在现有资源中进行选择。

（五）中亚语教材建设和师资培养须加快进程

目前国内中亚语学习方面的教材凤毛麟角，尚无能够得到公认的成熟教材，北外仅完成了乌兹别克语教材的编写工作，其他 4 个语种的教材还在编写计划中。因此，任课老师一般采用国外教材或自选材料授课，学生们感觉教学内容不够系统和连贯。而且，目前学生在国内学习期间主要依靠外教授课，效果虽总体令人较为满意，但也存在不足之处，亟须培养一批本国的师资力量投入复语教学。

（六）中亚区域与国别研究工作推进较慢

作为语言人才培养基础的国别和区域研究也是北外建设中亚新语种专业的推动力量。在复语专业创新实践过程中，除了全方位提升学生的语言水平，北外俄语学院也努力拓宽和加深学生对中亚地区和国家的了解和认识，加大对中亚研究人才的培养力度。但由于北外俄语学院自身在中亚区域与国别研究方面基础较为薄弱，研究人员少，成果产出慢，故对人才培养的助推作用发挥不够。

四　优化"俄语+中亚语"复语
专业人才培养的对策

针对上述存在的问题与挑战，目前我们制定了如下解决对策。

第一，采取各种形式和方法帮助学生正确认识学习复语和中亚语人才储备的必要性。通过聘请知名学者、外交使节、国外友人进行专题讲座，与中亚国家学生进行文化交流等形式，使学生们对中亚地区的了解更为全面和深入，在一定程度上提高他们对中亚语学习的动力和积极性。

第二，进一步修订复语专业培养方案，争取从学生一入校就开设中亚语课程，让学生在国内有两年时间做前期准备。此外，目前学生留学归国后的大四阶段没有开设中亚语课程，这也不利于学生语言状态的保持，未来会考虑在教学大纲中进行增补。

第三，为学生出国留学做出有针对性的预案准备。鉴于中亚国家的特殊国情和教学对接上的局限性，学院对复语学生在国外的课程选择予以最大限度地放宽，让学生放下包袱自由选课，开展多种形式的学习。与此同时，也为今后的复语学生出国留学提供了第二方案，即可以将俄罗斯开设中亚语种的高校作为可选学校之一，以拓宽留学路径，提高留学质量，保证学生在境外一年期间能够收获更好的学习效果。

第四，努力加快中亚语种教材建设的进程和加大中亚语师资的培养力度。师资培养并非一蹴而就，而这些青年教师的进步和成长也直接关系到中亚语种教材的建设进度，因此必须从学院的角度加大对遴选中亚语教师的关心和支持力度，帮助他们克服困难，早日完成学业加入教学队伍。

第五，加大对中亚区域与国别研究的重视程度，依托北外哈萨克斯坦研究中心及中亚各国合作院校，展开学术交流和学术合作，举办学术讲座和研讨会等活动，给学生和老师们创造更多机会了解和学习中亚研究情况，营造更好的科研学术氛围，从而有效地发挥学术研究对人才培养的助推作用。

五 结语

从 2016 年至今，北外"俄语+中亚语"复语专业建设已经历了 5 年的探索实践。不得不说，这是一个艰辛的过程，有成绩，也有不足。可喜的是，"俄语+中亚语"专业建设已走在北京外国语大学非通用语种建设工作的前列，为北外其他非通用语种建设提供了很好的案例。然而，这只是北外非通用语建设长期目标践行的初级阶段，也只是配合国家"一带一路"倡议大力推动非通用语人才培养中极小的一个组成部分。中国非通用语人才的培养和创新正面临巨大挑战，任重而道远。毋庸置疑，北外"俄语+中亚语"复语人才培养工作应当长期坚持下去，不断磨合，逐步完善，方能更好地服务于国家发展战略，为上合组织框架下的人文交流合作和共建"一带一路"输送更多高素质的外语人才。

展望篇：

共建上海合作组织命运共同体

弘扬"上海精神"，传承世代友好[*]

胡春梅[**]

【内容提要】20年来，中国与上合组织各成员国关系健康稳定发展，经贸、文化、教育、科技、旅游、卫生健康等领域务实合作成果丰硕，世代友好理念日益深入人心，其中，民间外交发挥了重要的基础性作用。中国人民对外友好协会（以下简称全国对外友协）作为从事民间友好的重要机构，携手上合地区各国民间友好组织共同发力，在促进成员国建立友城关系、青年交流、抗疫合作方面取得了一系列积极成果，未来将继续努力深化上合组织各国人民间的传统友谊，推动构建更加紧密的上合组织命运共同体。

【关 键 词】上海合作组织　民间外交　友城关系　青年交流
抗疫合作

2021年6月3日，在上海合作组织迎来成立20周年之际，来自上合组织成员国、观察员国和对话伙伴国的400多名各界代表，以线上和线下的形式，跨越山海，相聚云端，共同出席首届上合组

　＊　文中引用习近平主席讲话出自2014年5月15日在中国国际友好大会暨中国人民对外友好协会成立60周年纪念活动上的讲话。

＊＊　胡春梅，全国对外友协一级巡视员，中俄友协、中国中亚友协秘书长。

织民间友好论坛，围绕促进民间友好、传承"上海精神"，对上合组织民间友好 20 年进行回顾与展望。

回首过往 20 年，在"上海精神"指引下，在各方共同努力下，中国与上合组织各成员国关系健康稳定发展，在经贸、文化、教育、科技、旅游、卫生健康等领域的务实合作成果丰硕，世代友好理念日益深入人心，其间，民间外交发挥着重要的基础性作用。中国人民对外友好协会（以下简称全国对外友协）作为从事民间友好的重要渠道，携手中国俄罗斯友好协会（以下简称中俄友协）、中国中亚友好协会（以下简称中国中亚友协）等双边和地区友好组织，积极弘扬"上海精神"，秉承亲诚惠容和与邻为善、以邻为伴的睦邻友好理念，充分发挥民间外交形式多样、渠道多元、覆盖面广的优势，大力开展丰富多彩的人文交流与地方合作，为深化上合组织各国人民间的传统友谊、增进彼此了解与互信、促进民心相通、实现合作共赢、推动构建更加紧密的上合组织命运共同体做出积极贡献。

一 拓展合作方式，促进民心相通

习近平主席指出，"国之交在于民相亲，民相亲在于心相通"。中国人民与上合组织各国人民有着悠久的交往历史和深厚的传统友谊。发端于中国的举世闻名的古丝绸之路曾将中国与上合组织各国紧密联系在一起，中华民族与各国人民相互学习，互通有无，为促进东西方文明交流做出重要贡献。作为中国成立最早最有影响力的民间外交机构，全国对外友协始终以增进人民友谊、推动国际合作、维护世界和平、促进共同发展为宗旨。中俄友协（原为中苏友协）自1949年成立以来坚持以增进中俄（中苏）两国人民的相互了解与友谊为己任。2007年，为加强中国与中亚各国人民的友好往来，在全国对外友协领导下成立了中国中亚友协。21世纪初，即上合组织成立的2001年，全国对外友协在上合组织各国的合作伙伴还不多。除中俄友协成立较早，与俄罗斯国际合作中心（现国际人文合作署）、俄中友协等伙伴合作开展活动外，在哈萨克斯坦、吉尔吉斯斯坦、塔吉克斯坦和乌兹别克斯坦分别只有一个从苏联继承下来的对外友好和文化关系协会，且鲜有往来。20年后的今天，全国对外友协、中俄友协、中国中亚友协通过不断开拓合作渠道，不仅与俄、哈、吉、塔、乌五国的20余个民间友好组织建立了联系，而且合作关系已覆盖所有上合组织成员国、观察员国和对话伙伴国共十八个国家的近60个友好组织。各方相互支持，合作开展内容丰富的双边和多边友好活动及人员往来，切实推进民心相通和文明交流互鉴，增进各界人士的相互理解和友谊，使中国在上合组织各国的"朋友圈"不断扩大。

民间外交是官方外交的重要组成部分。为更好地配合官方外交，全国对外友协通常会在中国与上合组织国家双边关系的重要节点举办各种庆祝或纪念活动，特别是建交周年庆祝活动，包括中俄建交、中国与中亚国家建交、中国与巴基斯坦建交、中国与阿塞拜疆建交、中国与白俄罗斯建交等，其中为庆祝中俄建交多次与俄方合作伙伴联合分别在北京、莫斯科两地举办系列庆祝活动，内容包括庆祝招待会、双边合作成果图片展和邮票展、文艺演出及"中俄友好月"等，以凸显中俄关系的高水平和特殊性，显示中俄民间友好坚实深厚的社会和民意基础。配合中俄国家主题年先后举办文艺演出、图片展、推介会，出版纪念邮册，编纂中俄双语诗集，创作并传唱《中俄友谊歌》等。多次为《中华人民共和国和俄罗斯联邦睦邻友好合作条约》（以下简称《条约》）签署周年举办纪念大会、文艺演出、双边关系成就图片展、智库研讨会等，其中《条约》签署15周年纪念大会有习近平主席和普京总统共同出席并发表重要讲话。在世界反法西斯战争暨中国人民抗日战争胜利70周年之际，全国对外友协接待来自俄罗斯、哈萨克斯坦、蒙古国等国家的抗战老战士及其亲属来华参加中国政府举办的系列庆祝活动，并在莫斯科举办"回顾历史 展望未来 珍爱和平"纪念大会和《胜利·1945》大型歌舞剧演出，习近平主席和普京总统分别向纪念大会致贺信。在中俄元首互访期间，全国对外友协多次举办重要配套活动，积极发出民间友好声音，引起广泛关注和热烈反响。组织中俄、中哈友好人士在人民大会堂见证习近平主席分别为普京总统和哈萨克斯坦首任总统纳扎尔巴耶夫分别颁授中国第一枚和第二枚"友谊勋章"。在俄罗斯举办东方经济论坛期间，全国对外友协承办习近平主席和普京总统共同出席的中俄地方领导人对话会。举办哈萨克斯坦总统托卡耶夫与中国老朋友见面会等。

习近平主席指出，人民友好是促进世界和平与发展的基础力量，是实现合作共赢的基本前提，相互信任、平等相待是开展合作、实现互利互惠的先决条件。各国人民只有用友好的理念、友好的情谊凝聚起来，才能实现和平与发展的共同心愿，必须大力加强文明交流互鉴，而民间外交则是推进文明交流互鉴最深厚的力量。

20年来，全国对外友协在开展与上合组织国家民间友好交往的同时，着眼增进文明互鉴，尊重各国人民自主选择的发展道路和模式，加深各国人民相互理解和认同，让文明多样性成为上合组织国家发展进步的不竭动力。全国对外友协多次应邀派出代表作为国际观察员赴哈萨克斯坦、吉尔吉斯斯坦、乌兹别克斯坦等国观察总统和议会选举，尊重并支持各国人民自主选择的发展道路；与上合组织各国友好组织和团体、地方政府积极开展各领域人员往来，包括经贸、文化、科技、企业及妇女和青年代表团互访；接受俄罗斯、哈萨克斯坦、乌兹别克斯坦等各国主流媒体采访，广泛宣介"一带一路"建设，讲好中国故事，向世界展现真实、立体、全面的中国，播撒中外友好的种子。近年来全国对外友协先后邀请并接待4批哈萨克斯坦网络大V代表团来华访问，成员既有哈知名歌手、演员，也有著名博主、记者，他们将在华所见所闻及切身体会发布在社交媒体上，受到哈萨克斯坦广大民众的高度关注，阅读点击量有的高达几十万次，极大地提升了哈萨克斯坦民众对中国的兴趣。

20年来，全国对外友协通过在国内外举办内容丰富的文化交流活动弘扬各国优秀文化，为巩固中外人民友谊注入新的活力。已举办11届的中国国际太极瑜伽大会，将中国传统太极文化与印度瑜伽文化相结合，使中印文化相互辉映；"醉美俄罗斯"中国摄影家作品展和"从莫斯科到遥远的地方"俄罗斯艺术家摄影展向民众展示俄罗斯壮美山河、风土人情、璀璨文化，讴歌中俄两国人民间的传统友谊；"阿富汗国家博物馆馆藏珍宝展"巡展让中国民众不仅欣赏到来自异域的奇珍异宝，领略灿烂辉煌的丝路文化，而且有助于中国民众深入了解阿富汗古文明的多样性与包容性；在俄罗斯举办的《钱学森：中国航天事业奠基人》专题展向俄民众介绍了中国"两弹一星"功勋奖章获得者、中国航天事业奠基人钱学森伟大的一生及其为促进中俄科技交流所做出的杰出贡献；《面对灾难》摄影展用生动翔实的摄影作品展现中国人民在特大地震灾害面前所表现出的众志成城、团结协作、自强不息的民族精神及以俄罗斯救援队为代表的国际人道主义精神；《汉字》国际巡展向柬埔寨等国民众讲述汉字的悠久历史和书法艺术之美；《视觉讲述中国》系列艺术展演向斯里兰卡民众宣介中国文化遗产；与塔吉克斯坦使馆及北京俄罗斯文化中心共同举办的"上海合作组织——文明对话的平台"文艺晚会成为上合组织大家庭不同文化和艺术深度融合的佐证。

二　推动友城关系，深化地方合作

考虑到上合组织国家均为"一带一路"沿线的重要国家，且都处在发展振兴的关键阶段，全国对外友协积极推动上合组织国家间的地方合作，服务共同发展，建立友好城市活动便成为其重要抓手。国际友好城市活动是中国对外开放交流的重要平台，是城市外交的重要载体，也是民间外交的重要内容。

全国对外友协负责协调管理中国同世界各国建立和发展友好城市的工作。截至目前，中国已与上合组织国家建立397对友好省州和友好城市关系。中外省州及城市通过友城交流达到资源共享、优势互补、共同发展。20年来，全国对外友协与中俄友协、中国中亚友协、中国印度友协等双边或地区友好组织精准发力，打造地方合作新平台,先后举办 5 届中国中亚合作对话会、7 届中国印度论坛、12 届中俄地区合作研讨会、3 届中俄友好城市会晤、5 届中亚国家使节地方行,以及中国巴基斯坦友好省市合作论坛、"中国尼泊尔城市文化对话"系列活动、中国吉尔吉斯斯坦地方领导人线上对话会等,为俄罗斯西伯利亚联邦区、西北联邦区及远东联邦区萨哈(雅库特)共和国分别举办推介活动,进一步推动中国与上合组织各国友好省州市关系的建立与发展,深化"一带一路"沿线国家务实合作与人文交流,增强各国对共建"一带一路"的共识。上合组织国家结好省州市在数字经济、电子商务、人工智能、智慧城市、环境保护等领域不断拓展合作,有力地促进了地方经济社会发展。2010 年,全国对外友协设立了"对华友好城市交流合作奖",以表彰国外积极与中国开展友好交流与合作并取得突出成果的省市。上合组织相关国家中的约 50 个州或市获得该奖,其中俄罗斯莫斯科市、布拉戈维申斯克市、滨海边疆区和阿穆尔州及白俄罗斯莫吉廖夫市不止一次获奖,充分证明双方合作富有成效。

首届上合组织民间友好论坛的主办方之一湖北省,在友城合作方面起步较早。湖北省目前与俄罗斯萨拉托夫州、吉尔吉斯斯坦楚河州等上合组织国家的 13 个省市建立了友好省州和友好城市关系,双方在经贸、产能、人文等领域合作不断扩大。一批湖北优势企业先后在俄罗斯、印度、巴基斯坦、塔吉克斯坦、乌兹别克斯坦等国的友好省州投资建厂,带动了当地就业和经济发展,实现了合作共赢。"荆楚文化丝路行"等活动在上合组织国家举办,上合组织国家留学生纷纷来鄂学习。

实践证明,坚持推动和发展与上合组织国家友城合作是增进人民友谊的助推器，是推动经济社会发展的加速器。友城合作能够进一步激发中外省市交往的内在动力和创新活力，通过各领域交流与合作达到互联互通、互学互鉴，促进共同发展、合作共赢并惠及双方民众。

三　加强青年交流，传承世代友好

习近平主席指出，民间外交要开拓创新，多领域、多渠道、多层次开展民间对外友好交流，广交朋友、广结善缘，特别是要做好中外青少年交流，培养人民友好事业接班人。

中外友好根基在民众，希望在青年。引导青年一代团结协作、传承友谊，始终是全国对外友协的重要工作内容之一。进入21世纪以来，全国对外友协大力开展与上合组织国家的青少年交流活动，在中俄两国分别举办7届"中俄青少年科技文化交流"、8届"中俄青少年友好之夜"、2届"中俄青年同走友谊路"活动；在哈萨克斯坦举办青年丝路论坛及"活力丝路——构建21世纪青年丝路文化交流合作"主题活动；邀请并接待俄罗斯、哈萨克斯坦、乌兹别克斯坦等国青年学生来华与中国青年学子座谈交流，增进相互了解；与俄罗斯合作伙伴互派青少年艺术团参加对方举办的国际艺术节，中外青少年同台献艺；组派中学生代表团赴俄罗斯、土耳其等国参加夏令营活动；为印度、巴基斯坦、阿富汗、尼泊尔、斯里兰卡等国青年举办线上"青年文化沙龙"……丰富多彩的交流活动为上合组织相关国家青少年相识相知、发展友谊打开了一扇扇窗口，使越来越多的各国青少年愿意了解中国、亲近中国，并投身对华民间友好事业，世代友好的和平思想更加深入人心。

四 凝聚共识合力，开展抗疫合作

2020 年初，新冠肺炎疫情肆虐全球，严重威胁各国人民的生命健康安全。面对来势汹汹的疫情，上合组织秘书长诺罗夫以及俄罗斯、哈萨克斯坦、乌兹别克斯坦、印度、伊朗、阿塞拜疆、斯里兰卡等上合组织相关国家的几十个友好组织给全国对外友协和中俄友协等对口双边友协发来慰问函电，为中国人民加油鼓劲。俄国家杜马第一副主席、俄中友协主席梅利尼科夫与俄中友好人士一起第一时间发来慰问视频；哈萨克斯坦中国研究中心在媒体发表文章，支持中国抗疫并批驳西方媒体抹黑中国的行为；伊朗中国友协同德黑兰市政府联合用"中国红"点亮自由纪念塔为武汉加油；上合组织成员国驻华代表用各自母语寄语中国加油。

海外疫情恶化后，全国对外友协积极倡议中国有关省市向 39 个国家和地区的 73 个对口友城和友好组织，包括俄罗斯、哈萨克斯坦、吉尔吉斯斯坦、塔吉克斯坦等上合组织国家捐赠了大量抗疫物资和善款；同上合组织国家的几十个友城、友好组织互致电函或视频，相互慰问和鼓励，凝聚抗疫合力。林松添会长与俄罗斯、印度、巴基斯坦、阿富汗、尼泊尔、斯里兰卡等上合组织相关国家多个友好组织负责人举行视频对话会，双方坦诚交流，一致认为各国应团结合作、共同抗疫，携手推动"一带一路"建设，为构建人类命运共同体贡献力量。俄国家杜马第一副主席、俄中友协主席梅利尼科夫在中国抗疫成果、脱贫攻坚、通过《民法典》和涉港立法等问题上积极表态，坚定支持中方立场。而全国对外友协投桃报李，林松添会长率友协人录制短视频声援俄罗斯各界友人抗疫，并在疫情期间祝贺俄罗斯日，使俄各界深为感动。此外，与伊朗中国友好协会共同录制"以琴架桥——中伊艺术家云合奏为抗疫加油"公益音乐视频，两国艺术家向携手抗疫的两国人民传递友谊、表达祝福。

20年凝心聚力，20年砥砺前行，上合组织取得了长足发展，已成为当今世界幅员最广、人口最多、合作潜力巨大的综合性国际合作组织。但总体看，上合组织各国民众之间的相互了解和认知仍显不足，彼此合作的潜力尚待挖掘，这对进一步加强民间外交提出了新的更高要求。为此，提出以下几点建议。

一是进一步加强上合组织国家多边人文交流。搭建更多多边合作平台，促进民心相通。积极推动上合组织国家民间团体、社会组织包括在华各界代表的交流互动，增进了解，深化友谊，促进合作，不断巩固彼此友好的社会民意基础。

二是积极考虑建立上合组织国家友好城市联盟。可将上合组织国家结好的省州市联合起来，用好上合组织国家友城数据库，积极开展多边地方交流，促进各领域务实合作，不断拉紧利益纽带，拓展彼此友好的利益基础，提升上合组织国家地方合作水平。

三是建立上合组织国家青年交流机制。定期组织上合组织国家青少年交流团互访、上合组织国家青年精英论坛、上合组织国家在华各界青年代表联谊、在华留学生参观考察等活动，推动中外优秀青年深入交流，打造上合组织友好事业的生力军。

展望未来，上合组织国家友好组织应携手努力，以上合组织成立 20 周年为契机，继续传承"上海精神"，秉持和合理念，充分发挥民间外交的独特优势，进一步推动文明互学互鉴，积极促进民相亲、心相通，全面加强各领域互利合作，共创上合组织更加美好的明天。

新冠肺炎疫情大流行下的
上海合作组织创新发展

许　涛[*]

【内容提要】2020 年初开始在全球范围蔓延的新冠肺炎疫情，形成了一场空前规模的突发公共卫生事件和非传统安全危机。这一危机带来的影响远不止对人们健康和生命的戕害，在全球化发展陷入前所未有的困境时，已经建立起来的紧密经济联系与高频互动，在抵御疫情继续传播与维持正常经济发展的需求面前使世界多数国家政府进入两难境地。上海合作组织成员国所在区域也不例外，2021 年初以来各国在严控疫情发展和启动经济恢复之间踯躅不前。在疫情大流行中，迎来了上海合作组织成立 20 年，"上海精神"正在经历新的概念诠释和理念创新。上海合作组织秉持构建命运共同体理念，拓展更广、更多、更新的务实合作领域，将有助于遏制疫情和恢复经济的双向协作行动取得成效。

【关 键 词】上海合作组织　新冠肺炎疫情　创新发展

2020 年，中国人民经历了艰苦卓绝斗争，初步取得防控新冠肺炎疫情的阶段性胜利。但是在进入 2021 年后，人类将与新冠病

---

* 许涛，国务院发展研究中心欧亚社会发展研究所上海合作组织研究室主任。

毒长期共存显然已经成为无法改变的现实。包括上海合作组织（以下简称"上合组织"）成员国所在地区在内的世界许多国家，正在进入或者已经进入第三、四波新冠肺炎疫情高发期。目前，多数上合组织成员国处在不同程度的疫情反弹和恢复经济的胶着时期。在2020年的上合组织成员国元首视频峰会上，中国国家主席习近平提出了建设上合组织卫生健康、安全、发展、人文共同体的倡议，为各成员国走出卫生健康和经济发展困境指出了重要路径，也成为继续坚持"上海精神"和新时期合作创新的指导性思路。

一 当前上合地区疫情形势严峻

在一场百年未有的大规模传染病大流行面前，处在全球化时代的人类社会对突发疫情引起的非传统安全危机的防控能力和应对手段尤显捉襟见肘。进入21世纪后世界经济的空前活力和特有模式大大压缩了人类社会的生存环境与活动空间，使我们这个已经拥有75亿人口的星球变得越来越拥挤不堪。2020年一场新冠肺炎疫情流行，让人类社会再次认识到自己对这个世界认知的肤浅。尽管不同民族、不同国家有着很不相同的生命观、健康观和卫生文化，但新冠肺炎疫情带来的空前人文灾难和严峻社会危机确实让各国备受冲击且疲于应对。进入2021年后，新冠肺炎疫情在世界各国多地严重反弹，人类战胜新冠病毒的曙光还远未出现。在这样的大环境之下，无论哪个国家说自己已经彻底战胜或完全防控了新冠肺炎疫情都为时尚早。

在全球疫情继续流行的环境下，上合组织成员国无一能够幸免。到2020年7月上旬前后，新冠肺炎疫情在上合组织地区达到了第一个高峰期。上合组织八个正式成员国累计确诊新冠病毒感染病例当时已经超过180万，占全球新冠肺炎确诊感染病例总数的1.5%；而因新冠肺炎死亡的病例也累计达到4万多，但仅占全球因新冠肺炎累计死亡人数的0.8%。进入2021年后，新冠肺炎疫情在上合组织一些国家已经出现多次反复，很快突破了2020年高峰期的水平。据世界卫生组织2021年6月下旬的统计数字，上合组织八个正式成员国累计感染新冠肺炎的病例总数已达3700多万，是2020年7月上旬的20多倍，占世界累计感染病例总数的20.7%；2021年6月下旬上合组织成员国因新冠肺炎死亡人数累计已达到56.7万，竟超过2020年7月上旬累计死亡人数的12倍之多，占世界因新冠肺炎死亡总数的14.4%（见表1）。

表1　上合组织成员国新冠疫情形势

单位：人

国家	累计确诊病例		累计死亡病例	
时间	2020.07	2021.06	2020.07	2021.06
印度	767296	30233183	21129	395751
俄罗斯	707301	5451291	10843	133282
巴基斯坦	204848	953842	4983	22188
中国	83585	118358	4634	5478
哈萨克斯坦	53021	475039	264	7666
乌兹别克斯坦	11564	109233	51	729
吉尔吉斯斯坦	8847	120856	116	1977
塔吉克斯坦	6410	13821	54	91
总计	1842872	37475623	42074	567162

资料来源：Coronavirus disease（COVID-19），Situation Report-172 Data as received by WHO from national authorities by 10：00 CEST, 10 July 2020. https：//www. who. int/docs/default-source/coronaviruse/situation-reports/20200710-covid-19-sitrep-172. pdf? sfvrsn = 70724b90_2https：//covid19. who. int/。

二 疫情对区域治理带来的挑战

新冠肺炎疫情已经构成全球范围的一场公共卫生突发事件，并正在严重影响国际社会和全球治理的正常运转。然而，对出现地区性突发公共卫生事件及其升级为非传统安全危机的可能性，此前上合组织是有一定前瞻和预案的。早在 2009 年 10 月，上合组织即在北京发表了《上海合作组织地区防治传染病联合声明》。这一声明对上合组织地区及世界上经常出现和长期存在的大规模流感以及艾滋病、结核和疟疾等传染性疫病，提出了成员国间的重点合作要求。这些合作领域包括：开发各国医学实验室网络潜力、加强传染病信息收集和处理、及时透明地共享传染病暴发的重要信息等；并根据上合组织成员国间人员流动的线索和信息，要求各成员国卫生部门、移民管理部门、内务（公安）部门及相关企业紧密合作，力争完善边境口岸等关键地带传染病的流行病学监控体系，加强边境口岸各国卫生检疫部门间的双边合作；还要求成员国根据现行的《国际卫生条例》等世界卫生组织的文件，及时就传染病暴发事态、原因和应对措施等进行信息交流，完善各成员国卫生基础设施体系，提高上合组织地区整体应对自然灾害及人为事故的能力。①在 2018 年 6 月的上合组织青岛峰会上，各成员国元首们意识到全球化背景下频繁的人员往来和不断扩大的民间交往极可能引起疫病

---

① 《上海合作组织地区防治传染病联合声明》，2009 年 10 月 14 日，file：///C：/Users/lenovo/AppData/Local/Packages/Microsoft. MicrosoftEdge _ 8wekyb3d8bbwe/TempState/Downloads/SCO _ Joint_Declaration_on_combat_infectious_diseases_area%20（2）. pdf。

大流行，专门通过了《上海合作组织成员国元首关于在上海合作组织地区共同应对流行病威胁的声明》。这是在成员国国家元首层面达成的共识，为在防控大规模流行性传染病领域开展合作奠定了重要政治基础。这一声明还明确指出："在上海合作组织地区存在暴发包括流行性感冒、鼠疫、严重急性呼吸道综合征（SARS）、出血热、霍乱及其他严重传染性疾病的可能性，由此需要对居民提供流行病学方面的卫生医疗保障，以支持本地区各国实现可持续发展和人民福祉。"在此基础上进一步提出，"有必要建立各国之间有关在上合组织地区的传染性疾病表现及根据现行的国际医疗卫生法规而采取的应对措施等可靠信息的交流机制"，并且要求"各国在调动机动部队、开发国家实验室和科研中心潜力、开展联合科学研究、研发新的传染性疾病诊断和预防药物等领域广泛采取措施"。[①]目前，在新冠疫情仍未在全地区得到有效控制的形势下，针对疫情大流行引发的一系列社会问题和国家治理困境，上合组织国家唯有和衷共济、密切协作、直面挑战，才能最终战胜新冠疫情。

（一）亟须携手有效控制疫情

突发的新冠肺炎疫情再次检验出上合组织内部协调机制存在的问题，各国面对疫情大流行的态度、原则和方式存在较大的差异。尤其是上合组织形成的历史和组织构成上的特殊性，在应对新冠肺炎疫情的集体行动中难免出现一些令各成员国不满意的地方。而且

---

① 《上海合作组织成员国元首关于在上海合作组织地区共同应对流行病威胁的声明》，2018年6月10日，file：///C：/Users/lenovo/AppData/Local/Packages/Microsoft.MicrosoftEdge_8wekyb3d8bbwe/TempState/Downloads/4%20（3）.pdf。

因为新冠肺炎疫情对各国社会的严重冲击，这种存在于上合组织制度层面和工作层面的问题被放大了。从目前的形势看，新冠肺炎疫情在上合组织地区还远未结束，而且还可能出现更多的反复和更复杂的演化。能否在此次严重的非传统安全危机面前发挥有效的团结协作、共克时艰的引领作用，将是对上合组织一次严峻的考验。为此，上合组织有必要在已有的政治互信和协调机制基础上建立更加有效的医疗卫生合作机制和紧急状态应对机制，形成专业化的交流与合作区域网络。

（二）共克时艰恢复经济发展

新冠肺炎疫情在上合组织地区未能得到有效控制，对各国经济社会的发展构成较大影响。2020 年第一季度，中国的 GDP 增速为 -6.8%。[①] 俄罗斯在 2020 年第二季度经济增速下降 8%，第三季度降速放缓至 3.4%，第四季度降速继续放缓，全年经济下降 3.1%。[②] 哈萨克斯坦国旅游业受到重创，2020 年前三季度入境游客数量由上年同期的 640 万人次降至 180 万人次。[③] 塔吉克斯坦 2020 年前 10 个月电力生产同比下降 5.1%，向邻国出口电力同比下降 3.5%。[④] 国际评级机构穆迪在 3 月末将印度 2020 年经济增速

---

① 《张立群解读 2020 年政府工作报告中的经济热点关切》，新华社，2020 年 5 月 22 日，http://www.xinhuanet.com/politics/2020lh/2020-05/22/c_1126021353.htm。
② 《疫情危机对俄经济的影响仍将持续》，中国驻俄罗斯联邦大使馆经济商务处网站，2021 年 2 月 1 日，http://ru.mofcom.gov.cn/article/jmxw/202102/20210203035943.shtml。
③ 《哈萨克斯坦游客数量大幅下降》，中国驻哈萨克斯坦大使馆经济商务处网站，2021 年 2 月 18 日，http://kz.mofcom.gov.cn/article/jmxw/202102/20210203039260.shtml。
④ 《塔电力生产和出口同比下降》，中国驻塔吉克斯坦大使馆经济商务处网站，2020 年 12 月 11 日，http://tj.mofcom.gov.cn/article/jmxw/202012/20201203022073.shtml。

预期由年初预测的 5.3% 下调至 2.5%。^① 2021 年对于上合组织每个成员国来说，都将是十分困难的一年。还必须看到的是，新冠肺炎疫情大流行严重破坏了近年来上合组织作为共建"一带一路"合作平台的经贸、物流、基建网络，导致一些原本相对成熟和开局顺利的合作项目处于停滞状态。上合组织未来的经济合作必须面对现实，将新冠肺炎疫情作为一个长期的影响因素和重大变量予以考量。

（三）防范极端主义思潮滋生

为了有效防控疫情，上合组织各成员国分别采取了不同程度的人员活动管控措施，这本身有助于对本国社会稳定的维护。但同时也还要看到，新冠肺炎疫情加剧了各国国内的社会矛盾。一些低收入群体对国家危机管理效果不满，特别是在疫情期间积累的负面情绪和畸形心理，往往会借极端主义的载体和方式宣泄，构成了对各国社会稳定的严重干扰。另外，美国总统拜登已宣布，美军从 2021 年 5 月 1 日至 9 月 11 日由阿富汗全部撤出。在美方宣布开始正式撤军之日起，阿富汗已发生多起暴力恐怖袭击事件。尽管塔利班早已向美方承诺，确保阿富汗不成为恐怖组织的庇护所，但阿富汗长年经受战乱冲击，社会意识形态反复受到宗教极端主义侵蚀，政府对分布在境内碎片化的族群民众和社会机构几乎没有控制权。被美国认定的全球恐怖组织中，有 21 个仍活跃在阿富汗。美军方

---

① 《穆迪大幅调降印度 2020 年经济增速预期至 2.5%》，中国驻印度大使馆经济商务处，2020 年 3 月 28 日，http://in.mofcom.gov.cn/article/jmxw/202003/20200302950222.shtml。

人士认为，一旦美国撤军，塔利班就会接管阿富汗。据美国情报部门推测，一旦外国军队全部撤出，阿富汗现政府最多能够维持 6 个月。目前，武装的和非武装的阿富汗难民已经进入中亚邻国。① 如果阿富汗本土安全局势恶化，加之"后伊斯兰国"效应仍在中亚地区时时发作，极端主义威胁的"溢出效应"将渗入中亚地区。对此，上合组织维护地区安全与稳定的职能必须再次动员起来，努力为各成员国提供有利的战胜疫情和恢复经济的地区环境。

三　开拓更加丰富的创新发展思路

上合组织是一个坚持全新合作理念与合作方式的新型地区性国际组织，从成立之日起就不断实现着组织形式与合作内容上的创新。在百年未有的世界大变局面前，既有的国际体系和旧式的国际规则面临前所未有的挑战与冲击。不论是从巩固上合组织的目标出发，还是为了推动这一年轻国际组织的健康发展，在前人从未走过的道路上探索创新是历史赋予的必然使命。2021 年是上合组织成立 20 周年，作为一个逐渐成熟的国际组织已进入发展的关键期。目前，多数上合组织成员国面临着两难的选择：是继续采取严格的防控疫情措施，还是放开社会管控以发展社会经济。早在 2020 年6 月，经济合作与发展组织（OECD）在巴黎发布的《全球经济展望报告》就认为，假设疫情在 2020 年内得到控制，世界经济将总

---

① Талибы "подожгут" Центральную Азию? Эксперт о зачистке севера Афганистана, https://ru. sputnik. kg/columnists/20210630/1053058482/taliban – boeviki – afganistan – ssha – kyrgyzstan – rossiya–ugroza. html.

体萎缩6%；而如果第二波疫情在2020年底暴发，世界经济将萎缩7.6%。① 现在看来，上合组织面临的境遇比这种一般性预测还要严峻得多、复杂得多。针对这一境况，上合组织有必要也有义务为成员国战胜疫情、恢复经济发展发挥更重要的作用。

（一）利用防疫合作完善突发事件应急机制

突发的新冠肺炎疫情已构成严重的公共卫生事件，也带来了空前的地区非传统安全风险威胁。上合组织应一如既往地以安全合作为基本要务，坚定不移地将国民卫生健康和生命安全放在第一位，建立基本一致的合作原则和工作重心。依据2018年上海合作组织成员国元首在青岛峰会上通过的《关于在上海合作组织地区共同应对流行病威胁的声明》，建立上合组织疫情通报机制和共享数据库，在信息、技术、人员、物资等方面畅通协作渠道，结合海关、边防、检疫等系统建立联防联控机制。落实2020年6月上合组织外长会议形成的共识：加强本组织在卫生领域的工作，定期举办上合组织成员国卫生部长会议和卫生防疫保障部门负责人会议，并同世界卫生组织等国际组织和机构开展有效协作，以积极的多边合作共同应对新冠肺炎疫情。② 按照2020年11月上合组织视频峰会通过的关于共同应对新冠肺炎疫情的联合声明，统筹和协调应对卫生防疫领域突发情况的措施，充分落实《上海合作组织成员国应对

---

① 《经合组织预测今年世界经济萎缩6%或7.6%》，新华社，2020年6月10日，http://www.xinhuanet.com/world/2020-06/10/c_1126098757.htm。

② 《上海合作组织秘书长诺罗夫在"上合日"新闻发布会上的讲话》，上海合作组织秘书处，2020年6月15日，http://chn.sectsco.org/news/20200615/656430.html。

地区流行病威胁联合行动综合计划》，在疫苗、技术、物资、远程医疗等方面加强合作，特别是应加大各成员国在传统医疗领域的交流与合作。[①] 对霸权国家借新冠病毒溯源将疫情防控政治化、污名化的做法，上合组织成员国应共同抵制、集体发声。

（二）创新合作模式良化成员国区域发展环境

新冠肺炎疫情对上合组织各成员国经济发展造成严重冲击，带来的负面影响是毋庸置疑的。但同时我们也应该看到，在疫情期间有一些经济合作领域不降反增，如中欧班列，从 2011 年 3 月首趟开通后，由开始时的不足 20 列，发展到年 1.2 万列，年均增速达 108%。截至 2021 年 5 月，中欧班列累计开行 3.8 万列。特别是在疫情期间，中欧班列逆向增长，2020 年 1~7 月过哈的中欧班列同比增长 61%。[②] 另一个受到疫情影响较小的是数字经济的发展，上合组织各国对发展数字经济空前重视，诺罗夫秘书长提出："发展数字经济、弥补数字鸿沟，我们也需要有创新意识的合作伙伴。"农业合作是上合组织更新发展模式和合作方式的又一个新兴领域，2020 年 10 月，上合组织农业交流示范培训基地在中国陕西杨凌成立。[③] 由于上合组织成员国多数为农业大国，尤其是杨凌基地针对干旱和半干旱地区农业科技研发和孵化的功能定位，吸引着几乎所有上合组织成员国和观察员国的积极参与。与此同时，正在积极筹

---

① 《上海合作组织成员国元首理事会关于共同应对新冠肺炎疫情的声明》，上海合作组织秘书处，2020 年 11 月 10 日，http://chn.sectsco.org/documents/。

② 《赵立坚说中欧班列在亚欧大陆建起新钢铁驼队》，新华社，2021 年 5 月 19 日，http://www.xinhuanet.com/2021-05/19/c_1127465730.htm。

③ 《上海合作组织农业技术交流培训示范基地在杨凌揭牌》，《陕西日报》2020 年 10 月 23 日，https://www.sxdaily.com.cn/2020-10/23/content_8739767.html? from=singlemessage。

建的上合组织地方经贸合作示范区、上合组织技术转移中心、上合组织传统医学论坛等务实合作平台，均有望成为新冠肺炎疫情大流行时期备受关注的新亮点。

（三）以上合组织新安全观打造地区命运共同体

从成立之日起，通过安全合作营造各成员国共同的良好发展环境一直是上合组织的重要职责。尽管近年来全球和地区安全形势发生了很大的变化，威胁国际社会和国家主体的安全要素与 21 世纪初有很大不同，但是上合组织维护地区及成员国共同安全的使命没有变。在 2018 年 6 月的上合组织成员国元首青岛峰会上，习近平主席提出了作为上合组织的新安全理念，即"共同安全、合作安全、综合安全、可持续安全"[①]，为构建地区安全共同体提供了重要思路。目前，上合组织仍要旗帜鲜明地反对一切形式的恐怖主义，尤其在阿富汗形势发生重大变化的时刻，更需要与国际社会一道防范极端主义势力和恐怖活动的死灰复燃。通过上合组织与阿富汗合法政府已有的机制性渠道，推动阿富汗当局坚持奉行温和宗教政策，警惕可能出现的宗教极端主义事件。上合组织地区反恐怖机构应与中亚及阿富汗加强工作沟通，各成员国职能部门密切多边交流与工作协作，严防美国撤军后在阿富汗可能出现的极端主义、恐怖主义、毒品贸易外溢。应借上合组织 20 周年纪念峰会突出肯定各成员国在阿富汗和平进程中发挥的积极作用，清晰上海合作组

---

① 《习近平在上海合作组织成员国元首理事会第十八次会议上的讲话（全文）》，中华人民共和国外交部网站，2018 年 6 月 10 日，https：//www.fmprc.gov.cn/web/gjhdq_676201/gjhdqzz_681964/lhg_683094/zyjh_683104/t1567432.shtml，上网时间：2021 年 1 月 18 日。

织—阿富汗工作组未来路线图。鉴于半数上合组织成员国是阿富汗邻国，在阿推动和实现和平进程是上合组织的重大关切，而且阿富汗本身还是上合组织观察员国，建议在 2021 年上合组织成员国元首峰会上发表支持阿富汗和平进程的联合声明，并可考虑在上海合作组织—阿富汗工作组基础上成立"上合组织阿富汗和平重建基金""阿富汗和平重建指导小组"等下设机构，在经济上为阿恢复正常社会生活提供支持。

作为中国 21 世纪外交的一项创举，上合组织在成立后的 20 年中经历了多种考验。当世界处在大发展、大变革、大调整时期，尤其在世界霸权国将中国锁定为主要竞争对手、重启同盟网络对中国进行战略围堵之时，上合组织更是中国拓展国际空间的有效平台。20 岁的上合组织目前也处在发展的十字路口上，制定新时期的创新发展战略势在必行。继续经营好上合组织必须注意以下几点：一忌不实定位，切不可陶醉于成员国土地面积、人口、GDP 总量等无实际意义的数字，必须仍以中亚为核心区，立足稳定周边环境；二忌心浮气躁，坚守"不结盟、不对抗、不针对第三方"和"协商一致"原则，无须与欧盟、北约简单攀比，草率修改"上海精神"；三忌妄自菲薄，相对明确上合组织与中国+中亚外长会晤机制的分工，避免由于印巴加入而引起上合组织内部不和、机构空转不得不"另起炉灶"的国际印象。

图书在版编目（CIP）数据

上海合作组织民间友好 20 年：历史、经验与展望 /
孙壮志主编. -- 北京：社会科学文献出版社，2022.3
　ISBN 978-7-5201-9800-4

　Ⅰ.①上…　Ⅱ.①孙…　Ⅲ.①上海合作组织-研究
Ⅳ.①D814.1

　中国版本图书馆 CIP 数据核字（2022）第 031623 号

上海合作组织民间友好 20 年：历史、经验与展望

主　　　编 / 孙壮志
执 行 主 编 / 肖　斌

出 版 人 / 王利民
责任编辑 / 张苏琴　仇　扬
责任印制 / 王京美

出　　　版 / 社会科学文献出版社·当代世界出版分社（010）59367004
　　　　　　地址：北京市北三环中路甲 29 号院华龙大厦　邮编：100029
　　　　　　网址：www.ssap.com.cn
发　　　行 / 社会科学文献出版社（010）59367028
印　　　装 / 三河市龙林印务有限公司

规　　　格 / 开　本：787mm×1092mm　1/16
　　　　　　印　张：12.25　字　数：136 千字
版　　　次 / 2022 年 3 月第 1 版　2022 年 3 月第 1 次印刷
书　　　号 / ISBN 978-7-5201-9800-4
定　　　价 / 88.00 元

读者服务电话：4008918866